GPS Praxisbuch-Reihe
Band 31

www.red-bike.de

# GPS Praxisbuch

GARMIN.    Edge 1050

Verlag:
BoD · Books on Demand GmbH,
In de Tarpen 42, 22848 Norderstedt
Druck:
Libri Plureos GmbH, Friedensallee 273,
22763 Hamburg
Autor und Grafik: Janet Bader
GPS Praxisbuch Garmin Edge 1050
1. Auflage – Dezember 2024
© 2 024 Red B ike
ISBN: 978-3-7693-1925-5

# Inhaltsverzeichnis

Kapitel-Seite

# Red Bike GPS Praxisbuch *the* grand series

| | |
|---|---|
| GPS Praxisbuch Garmin Edge 705/605 | ISBN 978-1-4461-8831-6; |
| GPS Praxisbuch Garmin Dakota/Oregon V2 | ISBN 978-3-8391-7017-5; |
| GPS Praxisbuch Garmin GPSMap62 Serie | ISBN 978-3-8423-2770-2; |
| GPS Praxisbuch Garmin GPSMAP64 Serie | ISBN 978-3-7322-8520-4; |
| GPS Praxisbuch Garmin GPSMAP 66 Serie | ISBN 978-3-7481-6667-2; |
| GPS Praxisbuch Garmin GPSMAP 67 | ISBN 978-3-7583-0788-1; |
| GPS Praxisbuch Garmin Edge800 | ISBN 978-3-8391-8210-9; |
| GPS Praxisbuch Garmin Edge 810 | ISBN 978-3-7322-3028-0; |
| GPS Praxisbuch Garmin Edge 820 | ISBN 978-3-7412-8570-7; |
| GPS Praxisbuch Garmin Montana 6xx-Serie | ISBN 978-3-8423-6706-7; |
| GPS Praxisbuch Garmin Montana 7xx-Serie | ISBN 978-3-7534-0479-0; |
| GPS Praxisbuch Garmin Monterra | ISBN 978-3-7322-4589-5; |
| GPS Praxisbuch Garmin eTrex 10, 20, 30 ff. | ISBN 978-3-8423-6707-4; |
| GPS Praxisbuch Garmin eTrex 22x/32x | ISBN 978-3-7528-1202-2; |
| GPS Praxisbuch Garmin eTrex Touch 25/35 | ISBN 978-3-7386-2149-5; |
| GPS Praxisbuch Garmin fēnix3/Chron./epix | ISBN 978-3-7386-2430-4; |
| GPS Praxisbuch Garmin fēnix 5/ 5Plus | ISBN 978-3-7412-9000-8; |
| GPS Praxisbuch Garmin fēnix 6/ Forerun.945 | ISBN 978-3-7504-7150-4; |
| GPS Praxisbuch Garmin fēnix 7/ epix (Gen2) | ISBN 978-3-7562-2120-2; |
| GPS Praxisbuch Garmin Oregon 6xx-Serie | ISBN 978-3-7322-3031-0; |
| GPS Praxisbuch Garmin Oregon 7xx-Serie | ISBN 978-3-7412-8555-4; |
| GPS Praxisbuch, Tourenplanung BaseCamp | ISBN 978-3-8482-2144-8; |
| GPS Praxisbuch Garmin Edge Touring/ Plus | ISBN 978-3-7322-8500-6; |
| GPS Praxisbuch Garmin Edge 1000/Explore | ISBN 978-3-7357-2486-1; |
| GPS Praxisbuch Garmin Edge Explore | ISBN 978-3-7528-6785-5; |
| GPS Praxisbuch Garmin EdgeExplore2/Power | ISBN 978-3-7519-2226-5; |
| GPS Praxisbuch Garmin Edge 1030/830/530 | ISBN 978-3-7448-8338-2; |
| GPS Praxisbuch Garmin Edge 1040 | ISBN 978-3-7568-2915-6; |
| GPS Praxisbuch Garmin Edge 1050 | ISBN 978-3-7693-1925-5 |

# Vorwort

Herzlichen Glückwunsch zur Kaufentscheidung des Edge 1050-Gerätes. Eine tolle Wahl, wenn Du einen Fahrradtacho brauchst, der ein großes Display hat, sich an alle Deine Wünsche anpassen lässt, navigieren und sprechen kann sowie ausgefeilte Trainingsfunktionen für den Radsportbereich bereit hält.

Als GPS Geräte-Neuling findet man da vielleicht nicht gleich den richtigen Einstieg. Aber genau dafür bin ich ja da. Ich zeige Dir in diesem Buch Schritt für Schritt was, wann und warum am Edge-Gerät, am Smartphone oder PC zu tun ist:

- Kapitel 1 beginnt ganz leicht mit dem Umgang des Edge 1050,
- Kapitel 2 erklärt das ganze Thema „Navigation" und wie Du diese im Edge anwendest,
- Kapitel 3 dreht sich um die Tourenplanung, Kartenmaterial und sonstige PC-Arbeiten und
- Kapitel 4 zeigt wie und wo Du die Aufzeichnungen aus dem Edge im Detail betrachten, verwalten und nachbearbeiten sowie Dein Training auf die Spitze treiben kannst.

Wie es heutzutage für elektronische Geräte üblich ist erscheinen hin und wieder Software-Updates, durch die sich Bildschirmansichten, Funktionen oder Menüpunkte in geringer Weise verändern können. Dies sollte jedoch keine Auswirkung auf die Verständlichkeit dieses Buches haben.

Und um bei der ganzen Sache unkompliziert und sportlich locker zu bleiben, hätte ich nichts dagegen, wenn wir uns duzen. Ist das okay? Ich gehe mal von einem freudig zustimmenden „Ja gern" aus.

Angenehm! Ich bin die Janet – Na dann, legen wir los. Viel Spaß !

# Grundausstattung

Los geht´s mit:
- **Dem GPS- und Trainingsgerät** – Edge 1050

**Für ganz Eilige**: Navigation mit eigenen Touren - Seite 2-98,
Touren suchen am Handy - Seite 2-127

Für die Verbindung zum Handy bzw. Tablet-PC:

- **Garmin Connect Mobile** – App: Ermöglicht die Kommunikation zum Edge, bietet Zusatzfunktionen und liefert etliche Daten, die online bezogen werden können.
Zur Installation am Smartphone/Tablet, Download je nach
Betriebssystem:   - für iPhone im App-Store,
- für Android im Google Play Store,
- für Windows im Microsoft Store.

- **Benutzerkonto** für „Garmin Connect" – dem weltweiten Online-Portal für Aktiv- und Freizeitsportler – Deinem Fitness-Tagebuch, um aufgezeichnete Daten auszuwerten, zu verwalten sowie eigene Strecken und Trainings zu planen etc.
https://connect.garmin.com (Sprache wählen, Anmelden)

Für das Arbeiten am PC/Mac:

- **Garmin Express** – Software für die Installation am PC/Mac für all jene, die eine Verbindung zum Handy nicht nutzen möchten. Richte hiermit die WLAN- Schnittstelle und Dein Garmin Connect-Benutzerkonto ein. Ebenso kannst Du hiermit auf das Garmin Benutzerhandbuch, Geräte- & Karten-Updates sowie Erweiterungs-Apps zugreifen. Download:
https://www.garmin.com/de-DE/software/express/

- **GPS-Kartensoftware** „BaseCamp" – zum Erstellen und Bearbeiten von GPS-Touren sowie für den GPS-Datentransfer ohne Onlineverbindung. Zur Installation am Computer:
https://www.garmin.com/de-DE/software/basecamp/

# Kapitel 1 – Das Gerät

## Technischer Überblick

Der Edge 1050 ist Fahrradcomputer, Trainingscoach und Navigationsgerät in einem. Er bietet den größten Bildschirm in der Edge-Familie, welcher nun erstmals als LCD-Display für eine unglaublich detaillierte und gestochen scharfe Darstellung sorgt. Der automatische Lichtsensor kümmert sich dabei stets um die beste Belichtung.

Mit an Bord ist nun auch ein <u>Lautsprecher</u>. Somit kann man sich Navigationsanweisungen, Timer-Ereignisse und Alarme ansagen lassen. Zudem verfügt das Gerät nun auch über eine Fahrradklingel.

Mit dem bereits installierten routingfähigen Kartenmaterial ist das Gerät sofort startklar. Ganz nach Belieben kann aber trotzdem auch weiteres Kartenmaterial in den internen Speicher geladen werden (siehe Kap.3/„Kartentypen").

Für das Speichern der eigenen Bewegungsdaten sowie vorbereiteter Touren wird im Gerätespeicher ausreichend Platz freigehalten. Das sollte für einige Trainingsmonate reichen. Ansonsten werden die ältesten Aufzeichnungsdaten zuerst überschrieben, die bis dahin sicher schon längst durch den automatischen, drahtlosen Datenaustausch über Dein Handy (Bluetooth) oder Deinen Router zu Hause (WLAN) in Dein Garmin Connect-Benutzerkonto übertragen wurden.

Wie alle Garmin Sport- und Outdoor Navigationsgeräte besitzt auch dieses Edge-Modell ein stabiles, schlagfestes Kunststoffgehäuse und ist <u>wasserdicht</u> nach Standard IPX7 (30-minütiges Eintauchen in 1m tiefes Wasser, jedoch kein Salzwasser).

Wer das klare Display lange in diesem Zustand erhalten möchte, sollte seinem Gerät eine <u>Displayschutzfolie</u> gönnen. Diese gibt es als ultra- oder kristallklare, aber auch als antireflektierende Varianten. Bei letzterer wird die ultraklare Durchsichtigkeit vernachlässigt, dafür aber eben für Blendungsfreiheit gesorgt. (Ich selbst bevorzuge die klaren Folien.)

Die Garmin-Empfänger der Edge-Serie verkraften Temperaturen zwischen -20 und +60°C, wobei der Edge nur in Temperaturbereichen über der Nullmarke und bis +45°C geladen wird. Der fest eingebaute Lithium-Ionen-<u>Akku</u> ermöglicht die flache Bauform, das geringe Gewicht und eine Betriebszeit von bis zu 20 Stunden bei aktivem GPS-Empfang.

Über die Kontakte auf der Rückseite des Edge 1050 kann dieser mittels der Garmin „Edge Power Mount" (Halterung, Art.Nr. 010-13150-00, zuzüglich Kabel) mit Strom vom E-Bike-Akku (Bosch oder Shimano) oder einer anderen Stromquelle geladen werden.
Mit dem Garmin Charge-Strompack (Art.Nr. 010-12562-00) hast Du eine weitere Möglichkeit die Batterielaufzeit des Edge zu verlängern. Hier wird der externe Akkupack direkt unterhalb des Edge´s befestigt.

**Abbildung 1-1**
Aero-Halterung mit Edge 1030 und Charge-Strompack

Der Edge 1050 kann mit etlichen Satellitensystemen arbeiten (wie z.B. GPS, Glonass, Galileo, Beidou, QZSS, IRNSS etc.), die im Gerät zusammengefasst unter dem Begriff „GNSS" (**G**lobal **N**avigations **S**atellite **S**ystems) auswählbar sind. Diese werden zusätzlich auf mehreren Frequenzen empfangen (<u>Multi-Frequenz</u>-Technologie). Enge Felsschluchten können allerdings trotzdem zu Abweichungen führen. Für solche Fälle ist der Geschwindigkeitssensor am Fahrrad zu empfehlen, der die Laufradumdrehungen registriert und so auch bei schlechterem GPS-Empfang genaue Geschwindigkeits- und Distanzwerte ermittelt.

Der Edge 1050 verfügt neben USB über folgende Schnittstellen:

- Die drahtlose „**ANT+**" Technologie, mit der die Koppelung zu optionalen Sensoren und Geräten wie eben dem Geschwindigkeitssensor, Pulsmesser, Trittfrequenz-, Leistungssensor, der elektronischen Fahrrad-Schaltung, Edge-Fernbedienung, Garmin Lichtprodukten etc. möglich ist;

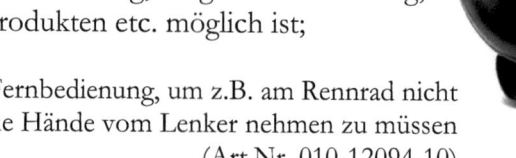

**Abbildung 1-2** Fernbedienung, um z.B. am Rennrad nicht die Hände vom Lenker nehmen zu müssen (Art.Nr. 010-12094-10)

- Die **Bluetooth**-Schnittstelle, damit der Edge 1050 mit dem Smartphone kommunizieren kann. Per „Garmin Connect Mobile"-App kannst Du so auf Dein Garmin Connect-Benutzerkonto zugreifen und die mit dem Edge aufgezeichneten Daten auch am Handy betrachten. Diese Bluetooth-Schnittstelle nutzt der Edge aber auch für etliche Sicherheits- und Trackingfunktionen, wie z.B. das Live-Tracking, mit dem ausgewählte Personen Deine aktuelle Fahrt in Echtzeit mitverfolgen können, oder die Notfallhilfe, bei der der Edge mit seinen Sensoren einen Sturz erkennen kann und Deinen ausgewählten Kontakt informiert;

- Die **WLAN**-Funkschnittstelle, über die eine unkomplizierte Datenübertragung zu einem anderen kabellosen Endgerät stattfinden kann (z.B. Dein WLAN-Router zu Hause). Somit sind Deine aufgezeichneten Fahrdaten von der letzten Tour schneller in Deinem Garmin Connect-Benutzerkonto, als Du die Bikeschuhe ausgezogen hast.
Die WLAN-Verbindung aktivierst Du am Edge, auf dessen Startseite über ☰ > Konnektivität > WLAN, wählst den Namen Deines Routers und gibst dessen Zugangscode ein.

# Updates und Kommunikations-Tools

## Garmin Express - Das Manager-Tool für PC/Mac

Die technische Entwicklung schnellt rasant voran und so erscheinen immer wieder neue Geräte-Updates.

Nutzt Du keine der drahtlosen Verbindungen zum Handy oder WLAN-Netzwerk, wo sich der Edge neueste Updates selbstständig holen würde, steckst Du diesen per USB-Kabel an Deinen PC an und lässt wie bereits auf Seite 11 „Grundausstattung" beschrieben das „Garmin Express" Manager-Tool nach **Updates** suchen.

Dazu später in Kapitel 3/"GPS Software für den Computer" mehr.

## Garmin Connect-App - Die Kommunikation zum Handy

Bist Du jedoch eher der Typ, der lieber alles am Smartphone oder Tablet erledigt, so benötigst Du an diesem die Garmin Connect Mobile-App, siehe Seite 11 „Grundausstattung". Durch die Echtzeitsynchronisierung lassen sich die erste Inbetriebnahme sowie viele weitere Einstellungen Deines Edge an Deinem Dir vielleicht besser vertrautem und größerem Handybildschirm vornehmen. Über diese Bluetooth-Verbindung werden z.B. auch die Wetterdaten bezogen sowie die Notruffunktion und das Live-Tracking ermöglicht. Mehr dazu später hier im Kapitel bei „Smartphone & Edge...".

## Ich möchte unerkannt bleiben

Inzwischen höre ich immer öfters aufgrund ablehnender Einstellung zur Überwachung die Frage: „Kann ich den Edge auch ohne Verbindung zum Handy bzw. Internet nutzen?"

Ja, kannst Du.

Der GPS-Empfang, die Navigation, die Aufzeichnung Deiner Fahrdaten und die Anzeige im Fahrradcomputer, Karte, Höhenprofil, Kompass etc. sind alles Grundfunktionen des Edge 1050-Gerätes.

Da der Edge 1050 im Auslieferungszustand bereits mit der Fahrradkarte von Europa ausgestattet ist, ist im Prinzip auch hier keinerlei Verbindung ins Netz nötig.

Du musst allerdings auf alle Weiterentwicklungen, neue Kartendaten und sonstige Zusatzfunktionen verzichten.

Die Planung der Touren und Deine Aufzeichnung kannst Du an Deinem PC/Laptop in der Garmin Kartensoftware „BaseCamp" erledigen, die auf Deinem PC installiert ist und auf diesem lokal arbeitet. Trotzdem sollte Dein PC nach der Installation der BaseCamp-Kartensoftware vom Internet getrennt bleiben, da auch dieses Programm automatisch online geht und nach Updates sucht.

## Gerätestart

Na, dann nimm´ doch mal das gute Stück aus dem Verkaufskarton und am besten das USB-Kabel gleich dazu. Denn aller Spannung zum Trotz wird empfohlen, den Edge als allererstes vollständig aufzuladen.

Das Aufladen kann über das im Lieferumfang befindliche USB-Kabel am PC (lange Ladedauer), besser aber mittels einem Netzstecker mit USB-Buchse erfolgen (z.B. Garmin Art.Nr. 010-13023-02). Für die Aufladung im Kfz würde auch das Kfz-Multiladegerät (Garmin Art-Nr. 010-10723-17) zur Verfügung stehen.

Verbinde das USB-Kabel mit dem gewünschten Stecker und der entsprechenden Stromquelle und das andere Ende (den USB Typ C-Stecker) mit der Buchse des Edge, unter der Abdeckkappe an der unteren Gerätekante. Der Aufladungsprozess beginnt. Drücke die EIN-/AUS-Taste links oben lang und wähle „Ausschalten", damit Du während des Ladeprozesses am Display das Batteriesymbol mit dem aktuellen Ladestand angezeigt bekommst.

Der Edge sollte nach etwa 4-5 Stunden vollständig aufgeladen sein und im Display das Batterie-Symbol mit „100%" anzeigen bzw. sich automatisch abschalten. Ziehe dann das Ladekabel vom Gerät ab und trenne das Kabel natürlich auch von der Stromquelle.

Mit einem **langen** Druck (ca. 3 Sek.) auf die
**EIN/AUS-Taste** (Geräteseite, links oben) schaltest
Du den Edge ein. Anwenderfreundlich begrüßt Dich
Dein neuer GPS-Fahrrad- und Trainingscomputer
mit der Frage nach der Sprache und der anschließenden Auswahl, nun entweder Bluetooth zu aktivieren
und mittels der „Garmin Connect"-App am Handy
die ersten Einstellarbeiten zu erledigen, oder dies zu
**überspringen** und die Einstellarbeiten direkt am
Edge vorzunehmen.

Abbildung 1-3

Ich verbleibe mit meiner Anleitung vorerst direkt am Edge, welcher
nun mit den grundlegenden Abfragen zu Maßeinheiten, Zeitformat
und einigen fitnessspezifischen Angaben zu Deiner Person beginnt.
Die Verbindung zum Handy kann auch später noch aktiviert werden,
siehe dazu ab Seite 68. Bestätige Deine Auswahl immer über das
✔ Häkchen im Display-Eck, um zur nächsten Seite zu gelangen.

Die danach folgende Auswahl von Sensoren und Aktivitätsprofilen
beinhalten weitere Einstelloptionen, die wir der Einfachheit halber
ebenfalls erst einmal beide „**Überspringen**" können. Letztendlich liest
Du Dir noch den Warnhinweis durch und beendest die Grundeinstellungen auch hier wieder mit dem ✔ Häkchen.

Keine Sorge, falls Du in der Aufregung hier etwas falsch ausgewählt
haben solltest. Alle Einstellungen können jederzeit wieder verändert
werden. Diese Einstellungen findest über den ☰ Menü-Button auf der
Startseite > System (drittletzte Zeile) > „Einheiten" und „Sprache"
sowie die Personendaten über ☰ > „Eigene Statistiken" > „Benutzerprofil".

# Die Tasten und Bedienung

Abbildung 1-4 Startseite Edge 1050

**An/Aus** & **Ruhe-zustand**

Mit einem **kurzen Druck** auf die ✏ EIN/AUS-Taste (bei einge-schaltetem Gerät) wird der Edge in den Ruhezustand versetzt. Das bedeutet, dass das Display aus- und sämtliche Sensoren, Bluetooth, WLAN sowie GPS-Empfang abgeschaltet werden. Mit dem nächsten kurzen Druck auf die EIN/AUS-Taste holst Du den Edge aus seiner Ruhephase wieder zurück.

**Abbildung 1-5**
Langer Tastendruck auf die EIN/AUS-Taste

Ein **langer Tastendruck** auf die ✏ EIN/AUS-Taste bewirkt hingegen, dass Du über die erscheinende Auswahlseite das Gerät nun vollständig „Ausschalten", den von Dir im Menü > „Sicherheit und Tracking" program-mierten Fahrradalarm scharf stellen, das „Display sperren" oder auf diesem Weg den Edge in den „Ruhezustand" versetzen kannst.

Das Display lässt sich in jeder beliebigen Ansicht sperren, indem Du auf der gewünsch-ten Ansichtsseite die EIN/AUS-Taste ca. 3 Sek. gedrückt hältst und die Button-Zeile „Display sperren" antippst. Zum Entsperren brauchst Du dann nur 1x kurz auf die EIN/AUS-Taste zu drücken bzw. lang drücken und „Display entsperren" wählen.

## Die Startseite

...zeigt sich sofort nach dem Einschalten.

Hier wählst Du mit einer horizontalen Wischbewegung über das farbige Feld mit dem symbolisierten Radfahrer die entsprechende Nutzungsart – das „**Aktivitätsprofil**". Damit ändert sich auch die Farbe dieser Schaltfläche.

Das Verwenden verschiedener Profile macht Sinn, um z.B. die gefahrenen Kilometer auf dem Rennrad, MTB und der Trainingsrolle separat zu sammeln, aber auch, um spezielle Einstellungen nutzen zu können und nicht ständig für jedes Rad bzw. Bewegungsform alles umstellen zu müssen.

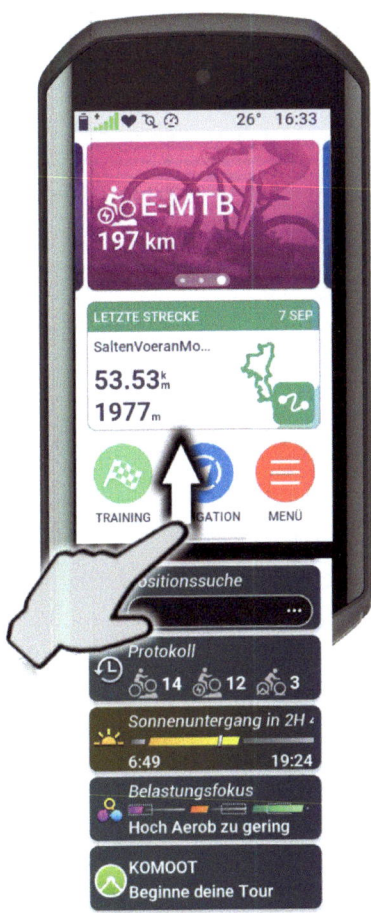

Am oberen Display-Rand der Startseite wird durch **kleine Symbole** dargestellt, wie voll der Akku ist, ob und wie gut der GPS-Empfang ist und mit welchen Sensoren der Edge aktuell kommuniziert. Blinkende Symbole verkünden den Verbindungsaufbau bzw. die Suche danach. Dauer-haft sichtbare Symbole signalisieren eine bestehende Verbindung. Werden während einer Aufzeichnung keine Sensoren gefunden, wird die Suche nach ca. 10 Minuten automatisch beendet.

Über den ≡ Menü-Button im rechten unteren Display-Eck erreichst Du **alle Einstellungen**.

**Abbildung 1-6**
Edge 1050: Startseite und Übersichten

Unterhalb der Aktivitätsprofil-Auswahl wird die „Letzte Radtour" bzw. letzte Aktivität angezeigt. Diese kann man antippen und bekommt dann alle Details dazu gezeigt.

Es ist aber auch möglich, dass Du statt der letzten Radtour/Aktivität den „Täglichen Trainingsvorschlag" angezeigt bekommst. Durch ein Wischen nach links oder rechts kannst Du zwischen dem täglichen Trainingsvorschlag und der „Letzte Radtour"-Übersicht hin- und herblättern.

Stört Dich der tägliche Trainingsvorschlag, so kannst Du diesen folgender Maßen ausblenden: Tippe auf der Startseite den Button „Training" an, wähle auf der erscheinenden Seite „Trainings" > Täglicher Trainingsvorschlag/Garmin Coach > und öffne hier rechts oben das ⁝ Menü. Deaktiviere darin den grünen Schieberegler bei „Im Hauptmenü anzeigen", so dass dieser nach unten springt und kehre dann mit ← auf die Startseite zurück.

Durch eine vertikale Wischbewegung von unten nach oben hast Du einen schnellen Zugriff auf etliche **Übersichten**.

Diese Übersichten kannst Du ganz nach Belieben selbst anordnen. Daher wählst Du sinnvollerweise solche, die Du öfters benötigst, z.B. „Navigation", „Protokoll", „Trainingsbelastung" etc.

Dazu findest Du am unteren Ende dieser Liste das ✒ Symbol, mit dem Du die bereits angeordneten Übersichten in der von Dir bevorzugten Reihenfolge mit ⇌ sortieren kannst oder mit dem ✚ Symbol weitere Übersichten hinzufügen kannst.

Besonders erwähnenswert sind hier folgende Übersichten:

- „**Positionssuche**", womit Du schnell die ersten Buchstaben Deines beabsichtigten Zielpunktes eintippen und den Edge danach suchen lassen kannst.

- „**Protokoll**", welches Dir alle bisherigen Fahrten/"Touren" nach Datum sortiert auflistet – ich bezeichne sie im Folgenden als „Aufzeichnungen" – und Du durch Antippen im Detail betrachten kannst. Im Untermenü „Gesamt" werden die gefahrenen Kilometer pro Aktivitätsprofil sowie die Gesamtheit aller gefahrenen Kilometer seit dem letzten „ ⊗ Löschen" angezeigt.

- „**Akute Belastung**", „**Belastungsfokus**" und „**Erholungszeit**" sind ebenfalls recht interessante Übersichten, die Dir zeigen wie sich Dein Trainingspensum verhält und wie lange Du nach einer anstrengenden Tour pausieren bzw. nur im unteren Pulsbereich trainieren solltest.

- Die „**Kompass**"-Übersicht zeigt Dir immer und sofort Deine aktuelle Position als GPS-Koordinate, wichtig für Notfälle !

- Aber auch die Übersichten von „Sonnenuntergang" und „Wetter" könnten an dieser Stelle ebenso hilfreich sein ...

## GPS-Empfang

Bei Gerätestart und der Auswahl eines Aktivitätsprofils mit GPS-Empfang beginnt der Edge immer sofort nach GPS-Signalen zu suchen. Dies wird auf der Startseite durch das Balkensymbol im linken oberen Display-Eck dargestellt. Bei ausreichendem GPS-Empfang ist dieses dann grün ausgefüllt. Das kleine + symbolisiert hierbei den Empfang mit der besten Genauigkeit, einstellbar in den Einstellungen eines jeden Aktivitätsprofils.
In der Kartenansicht kann man während der Empfangssuche ein aufblinkendes <u>Fragezeichen-Symbol</u> sehen, welches dann bei ausreichendem Empfang erlischt.

Abbildung 1-7
GPS-Empfangsanzeige

Für den Gerätestart ist <u>bestmöglicher Empfang</u> wichtig, weswegen man das Gerät also immer auf einer Freifläche mit ungehindertem Blick zum Himmel einschalten sollte. Wird nach dem Einschalten des Gerätes kein Satelliten-Signal gefunden, erscheint eine Frage-Meldung im Display wie weiterverfahren werden soll.
Befindet man sich im Gebäude, wo kein GPS-Empfang möglich ist, verwendet man das „INDOOR"-Profil (zum Trainieren auf der Rolle),

in dessen Profil-Einstellungen der GPS-Empfang nämlich bereits abgeschaltet ist.

## Die Statusseite und Widget-Seiten im Dropdown-Menü

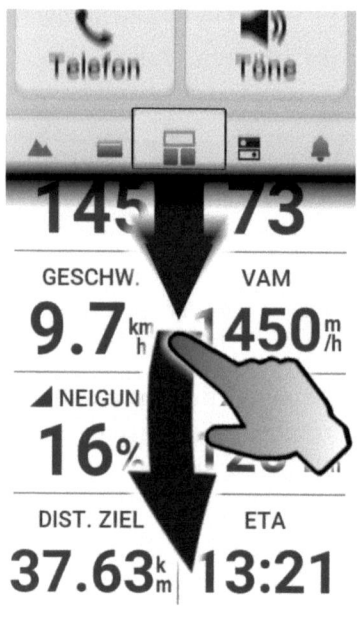

Im Dropdown-Menü, welches Du von
jeder Anzeigenseite aus durch eine vertikale
Wischbewegung **von oben nach unten**
öffnest, findest Du die Statusseite und
durch horizontales Wischen weitere
„Widget-Seiten".

**Widgets** sind kleine Schnellzugriffsfenster,
die weitere Informationen und den direkten
Zugriff auf gekoppelte Geräte bzw.
gestartete Funktionen bieten.

**Abbildung 1-8** Edge 1050:
Statusseite aufziehen

**Abbildung 1-9**
Einstellungen-Widget

Auf der „**Statusseite**" des Edge 1050 hast Du einen schnellen Zugriff
auf oft benötigte Einstellungen. Über den Button „Profil bearb."
kannst Du beispielsweise auf die Einstellungen des aktuell verwendeten
„**PROFIL**"s oder mit dem „**EINST.**"-Button rechts daneben auf die
des Gerätes zugreifen.

Im Feld mit dem **Batterie-Symbol** kannst Du den verbleibenden
Akkustrom ablesen sowie durch Antippen dieses Feldes den

„Energiesparmodus" aktivieren. Im nachfolgenden Schritt lassen sich Optionen wählen, um eine längere Betriebszeit zu erreichen.

Über den Button „**GPS**" erhältst Du den schnellen Zugriff auf:
- Den GPS-Modus: Wenn es die Situation erfordert, kannst Du so den GPS-Empfang schnell abschalten – danach jedoch nicht vergessen wieder anzuschalten! Von Werk aus ist der GPS-Modus „Multi-GNSS-Multiband" eingestellt. Das ist der qualitativ beste Empfang. Hierbei werden die Satellitensignale von mehreren GPS-Systemen (z.B. GPS, GLONASS, GALILEO, QZSS, IRNSS) und von diesen auch noch mehrere Frequenzen empfangen. Das benötigt allerdings ein klein wenig mehr Akkustrom. Wenn es also mit der Akkulaufzeit knapp werden sollte, schaltest Du besser auf das ursprüngliche (amerikanische) „GPS"-System um („Beste Akku-Laufzeit").

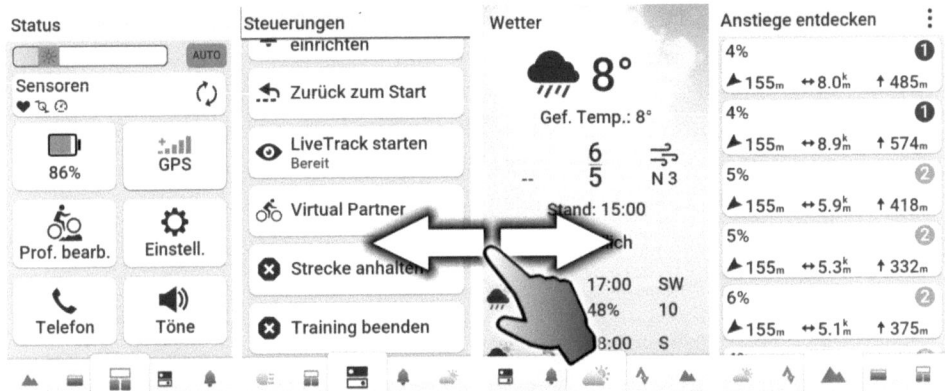

**Abbildung 1-10** Die Widget-Seiten durchblättern

Von der Statusseite aus blätterst Du mit horizontalen Wischbewegungen nach links oder rechts zu den benachbarten, weiteren Widget-Seiten.

Hast Du den Edge mit Deinem Handy gekoppelt, so sind hier z.B. die am Handy eintreffenden „Benachrichtigungen" und die „Wetter"-Vorhersage zu sehen. Verwendest Du Deinen Edge mit Varia Lichtprodukten von Garmin, erscheint auch dazu eine weitere Widget-

Seite. Auf welcher Widget-Seite Du Dich gerade befindest, zeigen Dir die Symbole am unteren Bildschirmrand.

Durch ein Antippen des jeweiligen Feldes auf den Widget-Seiten erhältst Du schnellen Zugriff auf ausgewählte Optionen. Wie in meinem Bildbeispiel (Abb. 1-10) auf der 2. Widget-Seite zu sehen, lässt sich hier kurzerhand das Live-Tracking starten, die Geschwindigkeit des <u>virtuellen Trainingspartners</u> anpassen, die Navigation zurück zum Startpunkt oder eine Strecke zur Navigation aufrufen bzw. stoppen, ein Trainingsprogramm starten/stoppen oder der <u>Fahrradalarm</u> aktvieren. Ansonsten beendet sich eine Navigation automatisch durch das Erreichen des ausgewählten Ziels sowie ein Training durch Drücken der ▶ Stopp-Taste oder Ablauf der programmierten Zeit.

Welche Widget-Seiten Dir zur Verfügung stehen, kannst Du über den ≡ Menü-Button auf der Startseite > System > „Widgets" selbst entscheiden. Schiebe eine Zeile nach links und tippe auf den erscheinenden Mülleimer-Button, um <u>ein Widget zu entfernen</u>, oder auf den ✚ Button am unteren Ende der Widget-Liste, um ein weiteres Widget <u>hinzuzufügen</u>. Die Anzeigereihenfolge änderst Du durch Berühren und Halten des ≋ Buttons am rechten Rand der jeweiligen Zeile.

### Licht / Helligkeit einstellen

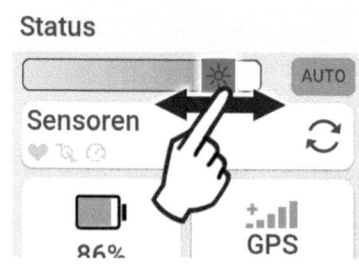

**Abbildung 1-11** Automatische Beleuchtung deaktivieren

Im oberen Teil der Statusseite kannst Du durch Antippen oder Schieben des Schiebereglers die automatische Beleuchtung heller oder dunkler regeln. Zudem kannst Du aber auch den farbigen „AUTO"-Button antippen, worauf sich dieser dann farblos zeigt, und somit die automatische Funktion des <u>Lichtsensors</u> deaktivieren.

Achte in den Einstellungen > System > Anzeige > 3.Zeile: „<u>Display-Beleuchtung</u>" darauf, dass hier „**Bleibt an**" eingestellt ist. Denn wenn der LCD-Bildschirm nicht beleuchtet wird, könnte man meinen, dass der Edge ausgeschaltet ist. In heller Umgebung könnte es sogar schwierig werden, den Lichtregler dann überhaupt noch zu finden.

**Sensoren koppeln**/ vorübergehend deaktivieren

Auf der Statusseite, in der Zeile „Sensoren" kannst Du wie auch am oberen Rand der Startseite auf einen Blick erkennen, ob aktuell nach Sensoren gesucht wird (Blinkmodus) oder keinerlei Verbindung besteht (hellgrau dargestellt). Tippst Du die „Sensoren"-Zeile auf der Statusseite an, gelangst Du direkt in die Geräteeinstellungen > Sensoren.

**Abbildung 1-12** Sensoren hinzufügen, deaktivieren oder löschen

Hier kannst Du also durch Antippen des Buttons ganz unten „Sensor hinzufügen" (2.Bild v.li.) die lange Liste aller möglichen optionalen Sensoren öffnen, die Verbindung zu einem bestimmten Sensor suchen lassen oder mit „Alle durchsuchen" einfach alle Signale in der Umgebung nach Edge-kompatiblem Zubehör durchsuchen lassen. Gefundenes Zubehör wird angezeigt, muss mit ✔ bestätigt und mit dem Button „Hinzugefügen" ausgewählt werden, wenn dieses Gerät mit dem Edge gekoppelt werden soll. Die dann oft erscheinende Frage „Benutzerdefinierte Seite hinzufügen" kannst Du verneinen, denn wir richten uns dann sowieso unsere eigene Datenseite ein.

Nutzt Du mehrere Bikes und hast z.B. an jedem einen Geschwindigkeitssensor, so fügst Du einen nach dem anderen Sensor Deiner Sensorliste hinzu. Wenn Du Dich dann auf Tour begibst, erkennt Dein Edge den entsprechenden Sensor automatisch und verwendet diesen für die aktuelle Aufzeichnung. Die jeweiligen Sensoren sind also nicht mit einem Aktivitätsprofil gekoppelt. Sie teilen dem Edge **nicht** mit, um welches Rad es sich handelt. Das ist Deine Aufgabe mit der Auswahl des jeweiligen Aktivitätsprofils auf der Startseite. Richte Dir dazu pro Rad ein eigenes Aktivitätsprofil ein, um so auch die Gesamtkilometer für jedes Rad separat sammeln zu können.

Der Geschwindigkeitssensor ermittelt auf den ersten Metern der ersten Fahrt in Verbindung mit der über GPS erkannten Bewegung den Radumfang automatisch. Möchtest Du diesen korrigieren oder hast beim Training auf der Rolle gar keinen GPS-Empfang, wählst Du den Sensor in Deiner Sensorliste aus > dann „Sensorinformationen" > und gibst in der Zeile „Radgröße" > „Manuell" den gewünschten Wert ein.

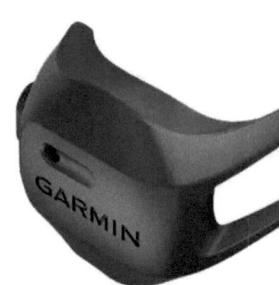

Abbildung 1-13 Geschwindigkeitssensor
Art.-Nr. 010-12843-00

Viele Garmin GPS-Sportgeräte, so auch dieses Edge-Modell, können mit elektronischen Schaltgruppen von SRAM sowie der Shimano-Schaltung „Di2" gekoppelt werden, wodurch Du am Edge-Display Schaltinformationen wie die Ganganzeige und den Ladezustand des Schaltgruppen-Akkus angezeigt bekommst. Allerdings musst Du dazu Dein elektronisches Schaltsystem mit einer entsprechenden Sende-Einheit aufrüsten – z.B. bei Shimano mit dem D-Fly Transmitter. Beim Rennrad befindet sich am Horn des Di2-Shimano Schalt-/Bremshebels ein Mikrotaster, mit dem sich der Edge bedienen lässt. Bei der SRAM RED AXS Schaltgruppe können die Datenseiten und Einstellungen des Edge über die Schalthebel bedient werden.

**Links: Einmal drücken**
Vorherige Seite

**Links: Gedrückt halten**
Runde aufzeichnen

**Rechts: Einmal drücken**
Timer starten

**Rechts: Gedrückt halten**
Timer stoppen

**Abbildung 1-14** Sensorliste > Di2-Sensor aufrufen >
Sensorinformationen > Di2-Tasteneinrichtung

Nachdem Du den „Di2"-Sender Deiner Edge-Sensorliste hinzugefügt hast, kannst Du im Edge die Funktionen der Shimano-Tasten ganz nach Deinen Wünschen auswählen und damit den Edge oder auch anderes Garmin Zubehör (z.B. Varia Licht) fernbedienen.

Zubehör, welches bereits in der Liste Deiner gekoppelten Sensoren aufgeführt ist, Du aber aktuell nicht benötigst, kannst Du durch Antippen aufrufen und in dessen Eigenschaften vorübergehend deaktivieren. Dazu tippst Du auf den farbigen Schieberegler „Status", so dass dieser nach unten springt und farblos dargestellt wird = deaktiviert „Aus". Das kann z.B. bei einem Garmin Licht sinnvoll sein, welches Du am MTB gar nicht dabei hast. So muss der Edge nicht sinnlos nach diesem Sensor suchen.

Mit „Entfernen" kann ein gar nicht mehr benötigter Sensor auch vollständig aus dem Gedächtnis des Edge entfernt werden.

Schließe dann die Seite der Sensor-Einstellung durch Antippen des ← Zurück-Pfeils und kehre zur Statusseite zurück.

**Abbildung 1-15** Widget-Seite „Leuchten"

Hast Du Deinen Edge mit Garmin Licht-produkten gekoppelt, lohnt es sich die Widget-Seite „Licht" hinzuzuschalten (falls nicht vorhanden: ☰ > System > Wigets > "Licht"), mit der Du die unterwegs dann schnell die Front- und Rücklichtfunktionen ändern kannst. Wundere Dich hierbei nicht, wenn Dein Radarlicht einfach nicht blinken will, obwohl Du den Button „Blink." schon mehrmals angetippt hast. Denn der Blink-lichtmodus ist bei der StVZO zugelassenen „RTL516"-Version auch nicht möglich. Aber es gibt eben in anderen Ländern auch eine „RTL515"-Version mit Blinkmodus.

Im unteren Teil der Statusseite findest Du das Bedienfeld „Telefon", um zügig auf die **Handy-Verbindung** zugreifen zu können. So lässt sich relativ schnell z.B. die Synchro-nisierung manuell anstoßen oder die Blue-tooth-Verbindung deaktivieren, um evtl. Akkustrom zu sparen. So musst Du nicht erst umständlich von der Startseite aus die ☰ Einstellungen > „Konnektivität" > und dann das „Telefon"-Menü öffnen.

➔ Um die „Unfall-Benachrichtigung" nutzen zu können, darf die Bluetooth-Verbindung natürlich **nicht deaktiviert** werden.
Die WLAN-Verbindung hingegen ist während einer Aufzeichnung automatisch deaktiviert. ⬅

**Abbildung 1-16**
Handy-Verbindung an/aus

Neu hinzugekommen ist beim Edge 1050 nun die **Sprachausgabe** direkt am Gerät. Diese kannst Du ebenso über die Statusseite > „Töne" anpassen. Tippe hier in die Zeile Sprachansagen:

Somit kannst Du über die Zeile „Audio-Ausgang" festlegen, ob der Edge selbst oder Dein Handy sprechen soll. Mit den Optionen in den Zeilen darunter lassen sich die Ansagesprache und die Stimme festlegen sowie diverse Alarme auswählen, die gesprochen werden sollen. Hier musst Du also die „Navigationsalarme" aktivieren – durch Antippen der Zeile den Schieberegler in die obere Stellung bringen, wenn der Edge die nächste Abbiegung ansagen soll.

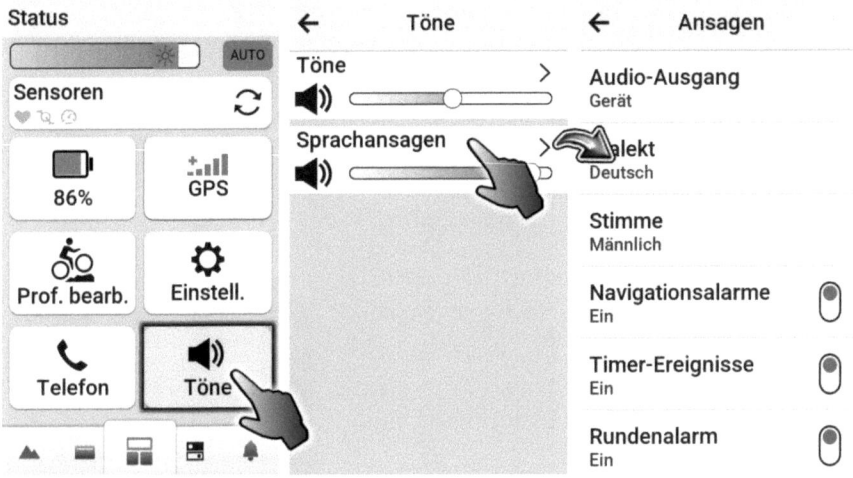

**Abbildung 1-17** Statusseite > „ Töne" und „Sprache" anpassen

Damit haben wir uns die Möglichkeiten der Widget-Seiten angesehen und Du kannst diese mit einer vertikalen Wischbewegung (von unten nach oben) zuklappen.

## Die eigene Bewegung aufzeichnen

…geschieht durch Drücken der ▶ **Start-/Stopp-Taste** (mechanische Taste, rechts unten). Damit werden also die Stoppuhr Deines Fahrradcomputers sowie die GPS-Aufzeichnung Deiner Bewegung gestartet. Gleichzeitig wechselt der Edge in den Datenseiten-Modus, mit dem Du während der Fahrt „arbeitest".

**Abbildung 1-18, rechts**
Start-/Stopp-Taste

**Abbildung 1-19, links**
Trainingsseiten-
Modus öffnen

Auf diese Datenseiten gelangst Du ebenso durch das Antippen der farbigen Schaltfläche auf der Startseite 🏠. Hierbei wird allerdings **keine** Stoppuhr gestartet. Das kann z.B. zum Ansehen bestimmter Daten **vor** der Fahrt nützlich sein.

Mit einem kurzen Druck auf die ⟳ **Runden-Taste** (mechanische Taste, links unten) kannst Du des Weiteren Deine Aufzeichnung unterteilen, um während einer Tour die Fahrtzeit beliebiger Teilstrecken zu messen und dessen Werte festzuhalten. Dabei erscheint für wenige Sekunden eine dunkle Einblendung, die bestimmte Daten zur letzten Teilstrecke

**Abbildung 1-20** Runden-Taste

zeigt. Welche Daten hier aufgelistet werden sollen, kannst Du im Menü ☰ > Aktivitätsprofile > Profil wählen > Alarme und Meldungen > Runde > „Benutzerdefiniertes Rundenbanner" selbst festlegen.

**Aufzeichnung stoppen**

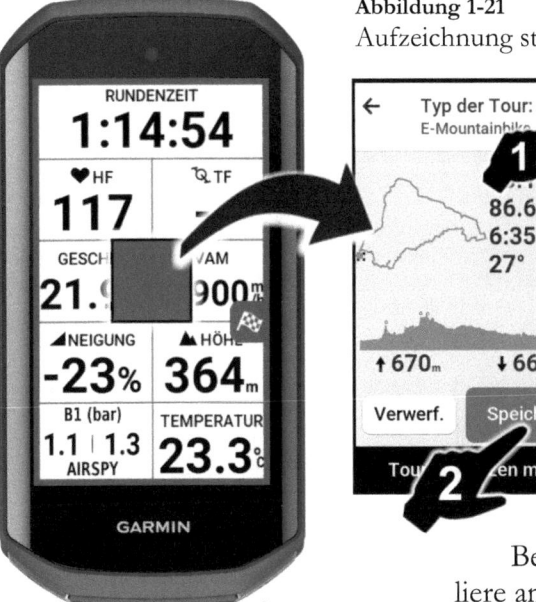

Abbildung 1-21
Aufzeichnung stoppen und abspeichern

Am Ende Deiner Tour stoppst Du die Aufzeichnung durch Betätigen der Start-/Stopp-Taste, wodurch im Display kurz ein rotes Viereck zu sehen ist und gleich darauf die Seite mit dem „Verwerf."/**„Speichern"** -Button erscheint.

Bevor Du speicherst, kontrolliere am oberen Display-Rand, ob hier der „Typ" Deines Fahrradprofils richtig ausgewählt ist. Denn diese Zuordnung wird in Dein Connect-Benutzerkonto übernommen und ermöglicht Dir dort, dass Du schnell nach allen Aufzeichnungen des Typs z.B. „E-Mountainbiken" suchen kannst. Den „Typ der Tour" kannst Du durch Antippen des ⋮ Menü-Buttons (1) und der Auswahl über die erscheinende Zeile ändern.

Hast Du hingegen die ❘▶ Stopp-Taste versehentlich oder für den Zweck einer längeren Rast gedrückt und möchtest diese Aufzeichnung nun **fortsetzen**, so beachtest Du diese Seite mit dem „Tour speichern"-Button einfach gar nicht, sondern betätigst wieder die ❘▶ Start-Taste sobald es weiter gehen soll. Dann wird diese Aufzeichnung einfach weitergeführt.

Nach dem Stoppen und Abspeichern der aufgezeichneten Tour kannst Du noch Angaben zum Verzehr und der empfundenen Anstrengung machen, um bei einem gezielten Training einfach mehr Anhaltspunkte zu Deinem Fitnesslevel zu speichern.

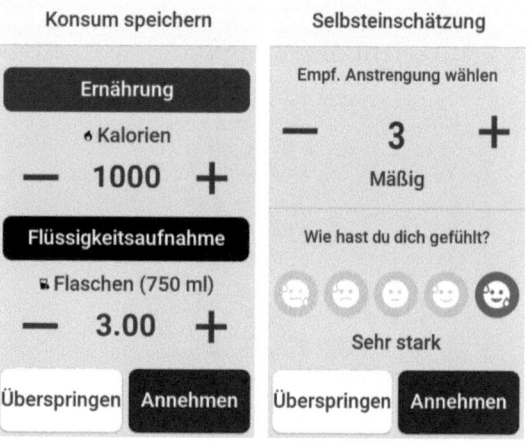

**Abbildung 1-22** Abfragen zu Konsum und Empfindung

Die Abfragen zum Konsum und Anstrengung de-/aktivierst Du in den Einstellungen des jeweiligen Profils > „Ernährung/Flüssigkeitsaufnahme" sowie „Selbsteinschätzung" > z.B. „Immer".

Danach zeigt der Edge 1050 eine lange Liste mit den „Höhepunkten" zur Tour, Deiner Trainingsbelastung, Erholungszeit, Hitze- und Höhenakklimatisierung sowie Infos zu gekoppelten Sensoren. Verwendest Du einen Garmin Herzfrequenz-Brustgurt (Modelle ab 70,-€) dann können neben der normalen Pulsmessung weitere detaillierte Daten (z.B. Atmung, Herzfrequenzvariabilität) erfasst und somit Deine Belastung besser bewertet werden.

Verwendest Du an Deinem Bike einen Leistungssensor (z.B. das Garmin Rally-Pedal), so erhältst Du nach der Tour auch einen Hinweis, wenn sich Dein **VO2max**-Wert verändert hat. Dieser Wert gibt Auskunft wieviel Milliliter Sauerstoff pro Minute Dein Körper im Zustand der Ausbelastung verwerten kann. Je höher der Wert, umso kraftintensiver kannst Du trainieren.

Die „Höhepunkte"-Liste bestätigst Du durch Antippen des ✓ Häkchens im oberen, rechten Display-Eck.

Es folgt dann der auf der nächsten Seite dargestellte, **gesamte Überblick** über die aufgezeichneten Daten, unterteilt in die Tracklinie in der „Karte" (Feld anitppen), das „Höhenprofil", die „Übersicht" aller Daten, evtl. Zwischenzeiten „Runden", die einzelnen „Anstiege" (bei Verwendung der „ClimbPro"-Funktion), „Training Effect", „Sprünge" etc. (je nachdem, ob Du Runden aufgezeichnet hast und Sprünge automatisch erkannt wurden).

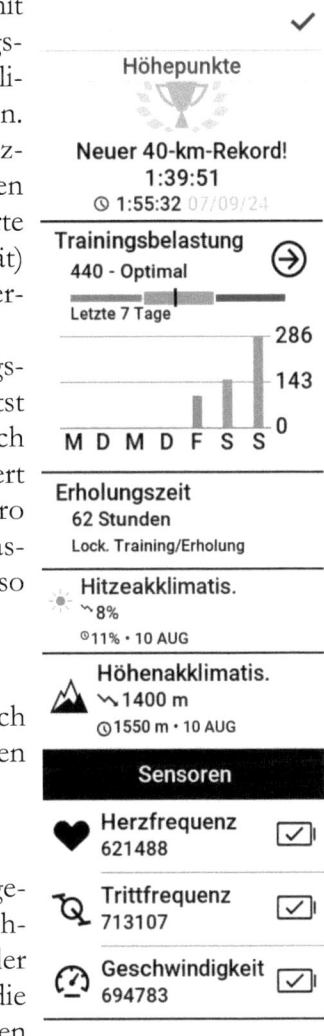

Abbildung 1-23
Auswertung
„Höhepunkte"

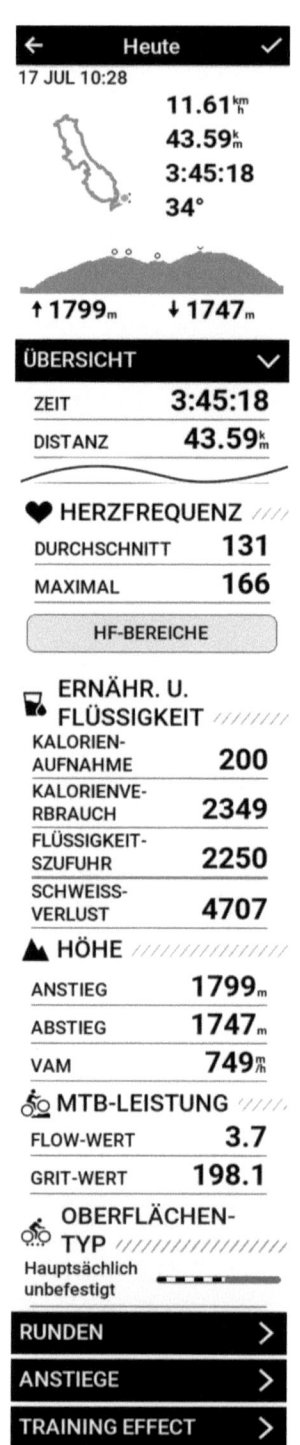

Tippst Du auf den Button „HF-Bereiche", findest Du Deine Herzfrequenz-Bereiche und die jeweilige Dauer dazu, wie lange Du in welchem Bereich gefahren bist. Sollten Dir die HF-Bereiche in % angezeigt werden, kannst Du dies im ☰ > Eigene Statistiken > Trainingszonen > HF-Bereiche > „Basierend auf BMP" umstellen.

**Abbildung 1-25**
Datenübersicht

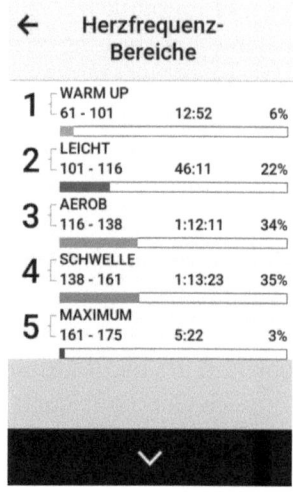

**Abbildung 1-24**
HF-Bereiche

Sobald Du auf Deiner Tour ein im Edge gespeichertes Zeitfahr-„Segment" vollständig befahren hast, findest Du auch den Menüpunkt „Segmente". Hier kannst Du dann Deine Fahrtzeit von diesem Segment ebenfalls im Detail betrachten.

Die **Training Effect**-Auswertung zeigt Dir wie lange Du in welchem Bereich trainiert hast. Im aeroben Bereich trainierst Du die Grundlagen, die Dein Körper für lange Touren benötigt, also die Ausdauer und Kondition. Im anaeroben Bereich hingegen entwickelst Du Deine Kraft und Leistungsfähigkeit weiter. Es ist keineswegs negativ, wenn Du eine lockere Tour gefahren bist und als Anaeroben Training Effect einen Wert von „0,…" angezeigt bekommst. Denn ein gesundes Training erfordert nun mal zum größten Teil ein Training im unteren Pulsbereich, also im aeroben Bereich. Im Allgemeinen sagt man: 70% sollte im niedrigen (aeroben) und nur 30% im hohen (anaeroben) Pulsbereich gefahren werden. Sofern Du im ☰ > Eigene Statistiken > Trainingszonen > „Herzfrequenz-Bereiche" keine eigenen Pulswerte eingibst, werden hier die Standardwerte zu Deinem Alter und Geschlecht verwendet.

Hast Du dann alles angesehen, was Dich interessiert, bestätigst mit ✓ rechts oben, um den „Tour speichern"-Prozess abzuschließen und auf die Startseite zurückgeführt zu werden.

### Aufzeichnung im Protokoll betrachten

Deine **abgespeicherten Aufzeichnungen** kannst Du jederzeit nochmals am Edge ansehen. Wische dazu auf der Startseite von unten nach oben, um die Übersichten-Liste zu öffnen und tippe darin die Zeile „Protokoll" sowie die erscheinende Auswahl „Touren" an.

Falls nicht vorhanden, siehe „Übersichten hinzufügen", Seite 20.

Hast Du eine Aufzeichnung gespeichert, die Dir nicht wichtig ist – die Du also löschen möchtest, schiebst Du die Zeile mit dem entsprechenden Datum nach links, wodurch am rechten Zeilenrand das 🗑 Mülleimer-Symbol erscheint und tippst dieses an.

Wurde diese Aufzeichnung bereits in Dein Connect-Benutzerkonto übertragen, musst Du es dort ebenfalls löschen.

Abbildung 1-26
Aufzeichnung im Protokollspeicher löschen

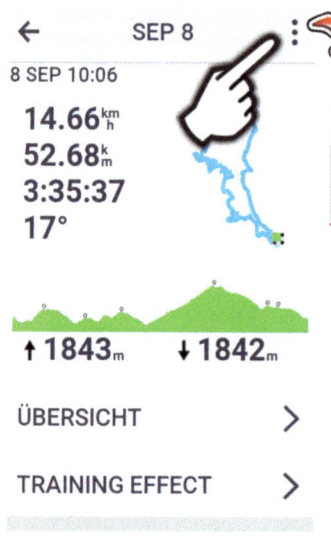

Abbildung 1-27
Eine Aufzeichnung
zum Navigations-
element umwandeln

Durch das Aufrufen einer Aufzeichnung erscheint am oberen Bildschirmrand der ⋮ Menü-Button. Mit der darin bereitstehen-den Option „Tour als Strecke speichern" kannst Du die Aufzeichnung in eine Strecke umwandeln, die Du dann auf der Startseite in der Kategorie „Navigation" > "Strecken" bereit liegen hast und zum wiederholten Abfahren mit „Los!" nutzen kannst.

### Während der Fahrt

Nachdem Du nun auf der Startseite durch horizontales Wischen über die Profilaus-wahl das Entsprechende gewählt und dann diese Schaltfläche berührt oder die mechanische ▮▶ Start- Taste gedrückt hast, wechselt der Edge in den „Datenseiten"- Modus.

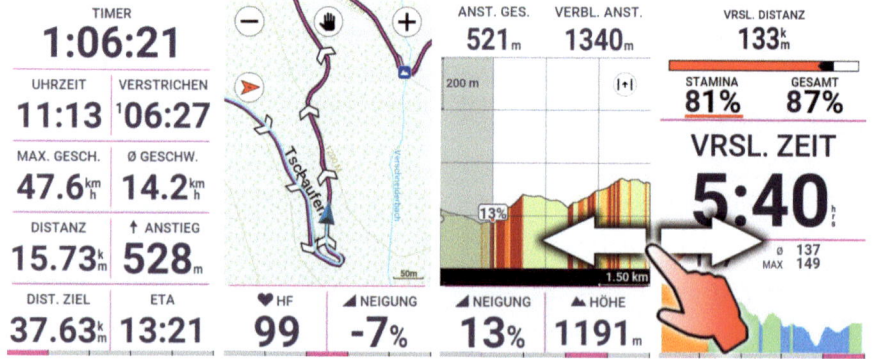

Abbildung 1-28    Beispiel einer Datenseiten-Anordnung beim Edge 1050:
Datenseite, Karte, Höhe, Stamina

Von hier aus kannst Du mit seitlichen Wischbewegungen über das Display zu den benachbarten Datenseiten umblättern. Dabei kann man am untersten Bildrand an der Unterteilung des kurz sichtbaren Balkens sehen wie viele Datenseiten aktiviert sind und auf welcher Seite Du Dich gerade befindest.

**Abbildung 1-29** 🏠 Startseite aufrufen

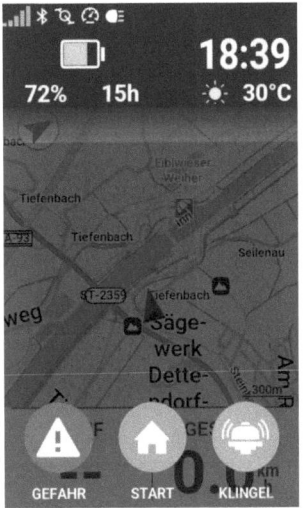

Während Du Dich auf einer der Datenseiten befindest kannst Du durch ein Antippen des Displays das **Schnellzugriffs-Menü** aufrufen. Hier steht Dir beim Edge 1050 nun erstmals eine elektronische Fahrrad**klingel** zur Verfügung (Button rechts unten).

Über den Button „**Gefahr**" kannst Du Gefahrenstellen melden, die über Deine Handyverbindung sofort veröffentlicht werden und somit für andere am Edge-Display sichtbar sind, wenn auch hier Bluetooth zum Handy aktiv ist. Diese Gefahrenstellen werden automatisch gelöscht, wenn diese nicht wiederholt gemeldet oder bestätigt werden.

Über den 🏠 Haus-Button kann man jederzeit die Datenseiten verlassen, um zur Startseite zu gelangen, um dort während der Fahrt z.B. eine Navigation zu starten.

Des Weiteren findest Du im Schnellzugriffs-Menü am oberen Display-Rand den Akkustand in % und Stunden sowie die relativ große Uhrzeit, ein kleines Wettersymbol und die aktuelle Temperatur. So musst Du diese Werte nicht extra als Datenfeld auf einer der Datenseiten einrichten.

Ganz nach Belieben kann die Anzahl der durchzublätternden Datenseiten verringert oder ergänzt werden. Dem freizeitlichen Tourenbiker wird es vermutlich schon reichen, nur eine Radcomputer-Seite, die Kartenansicht und das Höhenprofil im Auge zu behalten.

Wie weitere Seiten hinzu- oder abgeschaltet werden, sehen wir uns gleich beim „Einrichten von Aktivitätsprofilen" an.

## Den Fahrrad-„Tacho" nutzen

Die Werte der <u>Datenfelder</u> kannst Du auch während der Fahrt auf die Schnelle wie folgt ändern, ohne erst die Einstellungen öffnen zu müssen:

Setze den Finger auf das abzuändernde Datenfeld. Berühre und halte es, bis dieses umrandet dargestellt wird (etwa 3 Sekunden). Lass es erst dann los.

Zuerst ist immer der Einstellmodus „<u>Feld austauschen</u>" aktiv. Das heißt, dass Du nun ein anderes Datenfeld antippen könntest, wodurch diese 2 Felder einfach nur ihre Plätze miteinander tauschen.

Tippst Du hingegen ein zweites Mal auf das umrandete Datenfeld, so öffnet sich die Auswahlliste mit Untergruppen, aus denen Du dann Deinen Wunschwert auswählst, wodurch sich die Liste wieder schließt.

**Abbildung 1-30** Auf die Schnelle ein Datenfelder ändern

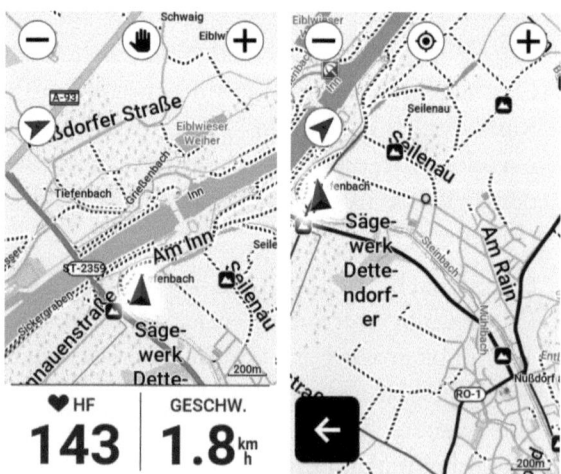

## Sich in der Karte orientieren

Während der Fahrt bewegt sich die Karte mit Deiner Bewegung mit. Von Werk aus ist diese in Fahrtrichtung ausgerichtet. Durch das Antippen des Nordpfeils kannst Du die Kartenausrichtung aber auch auf „Norden oben" umstellen.

**Abbildung 1-31** Die Kartenansicht zur Orientierung manuell bewegen

Möchte man sich jedoch z.B. über den Wegverlauf außerhalb des Display-Ausschnittes informieren, muss man diesen sich mitbewegenden Karten-Modus verlassen. Dazu tippst Du auf den ♨ Hand-Button am oberen Kartenrand. So gelangst Du in den Karten-Modus, der Dir ein <u>Verschieben der Karte</u> ermöglicht, aber nun auch **nicht** mehr mit Deiner Fahrbewegung mitwandert. In der erscheinenden Kartenansicht (Abb. 1-31, Bild rechts) kannst Du nun die Karte mit dem Finger am Display verschieben.

→ Hast Du alles gesehen, was Du sehen wolltest, und möchtest nun Deine Fahrt fortsetzen, so ist unbedingt daran zu denken, dass Du mit dem ← Zurück-Pfeil aus der manuell beweglichen Kartenansicht in die normale, automatisch „mitfahrende" Kartenansicht zurückkehren musst !!! ←

Du kannst auf Deiner Karte weitere hilfreiche <u>Details</u> einblenden. Wische dazu von unten nach oben über den Kartenbildschirm und aktiviere den Schieberegler bei den Optionen, die Dich interessieren. Zum Zuklappen dieser Auswahl wischst Du von oben nach unten.
So können z.B. „<u>Verkehrsreiche Straßen</u>" rot gepunktet angezeigt werden, wie hier in der linken Abbildung zu sehen.

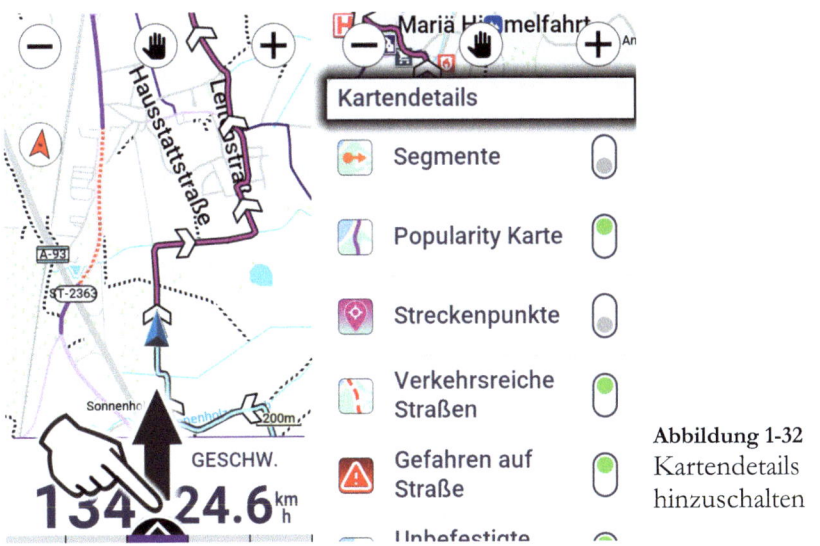

**Abbildung 1-32**
Kartendetails
hinzuschalten

## Das Arbeiten in der Höhenprofilansicht

Während der Fahrt – besonders dann wenn ein Anstieg kein Ende zu nehmen scheint – wird die Datenseite „Höhe" immer mehr in Dein Interesse rücken. Denn, wenn Du im Edge eine Strecke zur Navigation oder eine Navigation zu einem im x-beliebigen Ziel mit „Los!" gestartet hast, bekommst Du auf der Höhenseite nicht nur den von Dir bisher gefahrenen, sondern auch den noch bevorstehenden Höhenverlauf gezeigt. Dabei werden die Schwierigkeit der Steigung von gelb bis dunkelrot und die Neigung in % an Deiner Positionsmarkierung dargestellt.

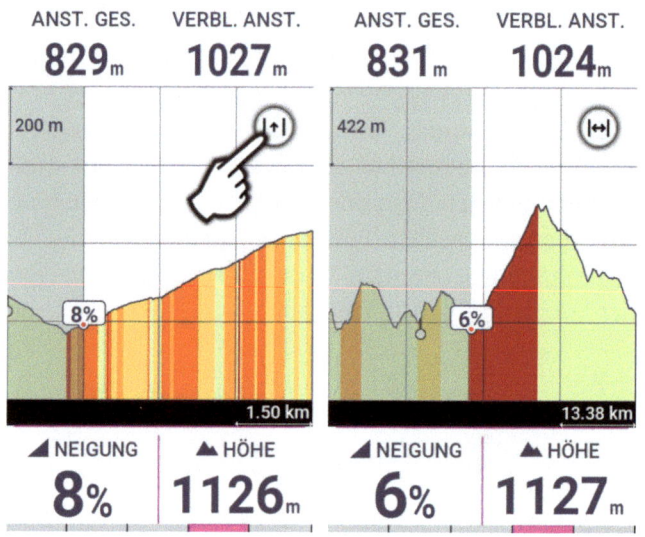

**Abbildung 1-33**
Höhenprofil:
Profilausschnitt
und
Gesamte Tour

Auf einer Tour mit mehreren Anstiegen ist zum einen das gesamte Höhenprofil interessant, zum anderen aber auch der Detailausschnitt des aktuellen Anstieges oder Fahrabschnittes. Um hier nicht ständig die Höhen- und Distanz-Achse verändern zu müssen, tippst Du einfach nur auf die im linken Bild gezeigte Umschaltfunktion, mit der Du ganz entspannt zwischen dem Höhenverlauf der gesamten Tour und Deinem individuell angepassten Detailausschnitt hin- und herschalten kannst.

Die Detailansicht passt Du folgendermaßen an:

Zum **Ändern der x-Achse** (Distanz) tippst Du sehr zielgenau auf die kleine Distanzangabe im rechten unteren Eck der Höhengrafik (eher leicht darunter) und verwendest den auftauchenden Plus- oder Minus-Button. Diese Änderung beendest Du mit dem ← Zurück-Pfeil links unten.

Genauso berührst Du dann das Höhenmaß in der linken oberen Ecke, um die **y-Achse** (Höhe) mit dem Plus- oder Minus-Button an Deine Wünsche anzu-passen und kehrst dann mit dem ← Pfeil in Deine angepass-te Höhendar-stellung zurück.

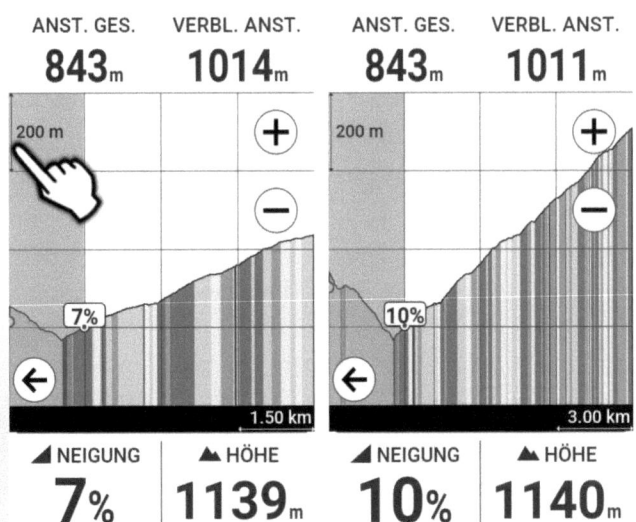

**Abbildung 1-34**
Höhenprofil
Detailansicht
anpassen

## Aktuelle Position abspeichern / Wegpunkte setzen

Ist man in unbekannter Gegend unterwegs, ist es immer ganz hilfreich, sich den Startpunkt (wo z.B. das Auto für die Heimfahrt wartet) im Edge festzuhalten. Aber auch sonst möchte man sich unterwegs hier und da interessante Orte merken, um zu diesen irgendwann noch einmal zurückzukehren. Einen solchen Wegpunkt speicherst Du im Edge wie folgt:

Befindest Du Dich gerade im Aufzeichnungsmodus und hast eine der Datenseiten vor Dir, tippst Du auf das Display, um im erscheinenden Schnellzugriffs-Menü zur 🏠 Startseite zu wechseln (Abb. 1-29). Wähle dort den Button „Navigation" und tippe im oberen rechten Eck auf den ⁝ Menü-Button. Wähle darin „Position speichern".

Durch Antippen des "Position speichern ✔ " Häkchens und dem Bestätigen oder Ändern des vorgeschlagenen Namens hast Du die aktuelle Position (an der Du Dich gerade befindest) nun als Wegpunkt in Deinem Edge festgehalten. Diese GPS-Positionen werden fortlaufend durchnummeriert, so dass Du eine spezielle Benennung, ein Symbol oder Kommentar auch später in Ruhe, z.B. bei der nächsten Rast oder wann auch immer ergänzen könntest.

Schließe durch Antippen des ← Zurück-Pfeils im linken oberen Display-Eck das aufgerufene Navigations-Menü und tippe auf die große Schaltfläche mit Deinem Aktivitätsprofil, um in den Daten-seiten-Modus zurückzukehren.

Deine so abgespeicherten Wegpunkte findest Du auf der Startseite > Navigation > „Favoriten". Durch ein nach links Schieben der Zeile des jeweiligen Wegpunktes erscheint das 🗑 Mülleimer-Symbol, mit dem Du jeden einzelnen Wegpunkt auch wieder löschen könntest.

→ Aus weitverzweigten Untermenüs kannst Du auch die schnellere Rückkehr-Methode verwenden, indem dass den ← Zurück-Pfeil im linken oberen Display-Eck berührst und hältst (ca.3 Sek.), bis sich die Startseite zeigt. ←

# Aktivitätsprofile

Abbildung 1-35 Edge1050
Protokoll > Gesamt

Aktivitätsprofile sind sozusagen Benutzerkonten, in denen jeweils ganz unterschiedliche, spezielle Einstellungen ausgewählt werden können. Denn auf dem Weg zur Arbeit, dem allgemeinen Training, der ausgedehnten Tour, dem Renn-Event oder dem Rollentraining hat man ganz unterschiedliche Bedürfnisse bei der Anzeige der Fahrdaten und der Navigation.

Diese Profile kannst Du z.B. nach Deinem fahrbaren Untersatz benennen, wie z.B. „MTB", „E-MTB", „Rennrad" etc.

Zu jedem Profil werden die damit aufgezeichneten Kilometer separat gesammelt.

Daher begrüßt Dich Dein Edge nach dem Einschalten mit dem Startbildschirm und der großen farbigen Fläche mit dem Radfahrer-Symbol und Profilnamen, welches Dich erinnern soll, **vor** dem Losfahren dieses richtig auszuwählen. Wähle mit horizontalen Wischbewegungen das entsprechende Profil und schon bist Du für diese Aktivität mit dessen speziellen Einstellungen startklar. Jedem Profil solltest Du eine andere Farbe geben, um es einfach noch besser unterscheiden zu können.

**Abbildung 1-36** Verschiedene Aktivitätsprofile beim Edge1050

**Abbildung 1-37**
Aktivitätsprofil
mit 3 Trainings-
seiten

So kann man sich z.B. für die alltäglichen Fahrten mit dem Fahrrad nur die eine Radcomputerseite und die Karte aktivieren, weil alles andere bei diesen Fahrten nicht interessiert. Und weil man ständig unter Zeitdruck steht, könnte hier z.B. ein großes Datenfeld mit der Uhrzeit sinnvoll sein. Besonders große Datenfelder stehen beim Einrichten der Datenseite zur Verfügung, wenn man nicht mehr als 7 Datenfelder wählt.

Das Profil für die Trainingsfahrten könnte hingegen z.B. so aussehen:

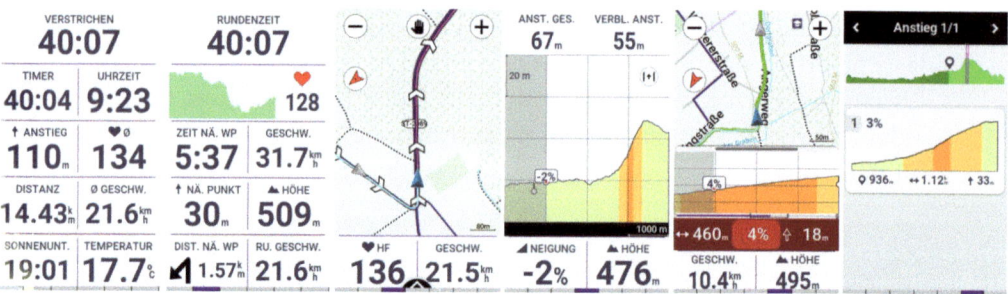

**Abbildung 1-38** Beispiel-Anordnung von Datenseiten beim Edge1050

Hierbei kannst Du Dir z.B. auf der ersten Datenseite die Gesamtdaten der Fahrt und auf der zweiten Datenseite die aktuellen Fahrdaten anordnen sowie als weitere Seiten: die Karte, das Höhenprofil der gesamten Tour, die automatisch erscheinende „ClimbPro"-Kartenseite mit Höhenprofil des aktuellen Anstieges und die dazugehörige Auflistung aller Anstiege dieser Tour aktivieren (die letzten 2 Seiten erscheinen nur dann, wenn in den Aktivitätseinstellungen > Anstiege > „ClimbPro" aktiviert ist und die Datenseite „ClimbPro" sichtbar geschaltet ist).

### Einrichten von **Aktivitätsprofilen/ Aktivitätseinstellungen**

Besitzt Du bereits ein Garmin GPS Sportgerät, kannst Du mittels Connect Mobile-App am Handy Deine im alten Gerät verwendeten Aktivitätsprofile auf Deinen neuen Edge 1050 übertragen (siehe Abbildung 1-63).

Ansonsten tippe auf der Edge-Startseite am unteren Bildschirmrand den ☰ Menü-Button für die Einstellungen an. Solltest Du Dich auf einer der Datenseiten befinden, tippst Du das Display kurz an, um das Schnellzugriffs-Menü einzublenden und wählst dort den ♠ Button,

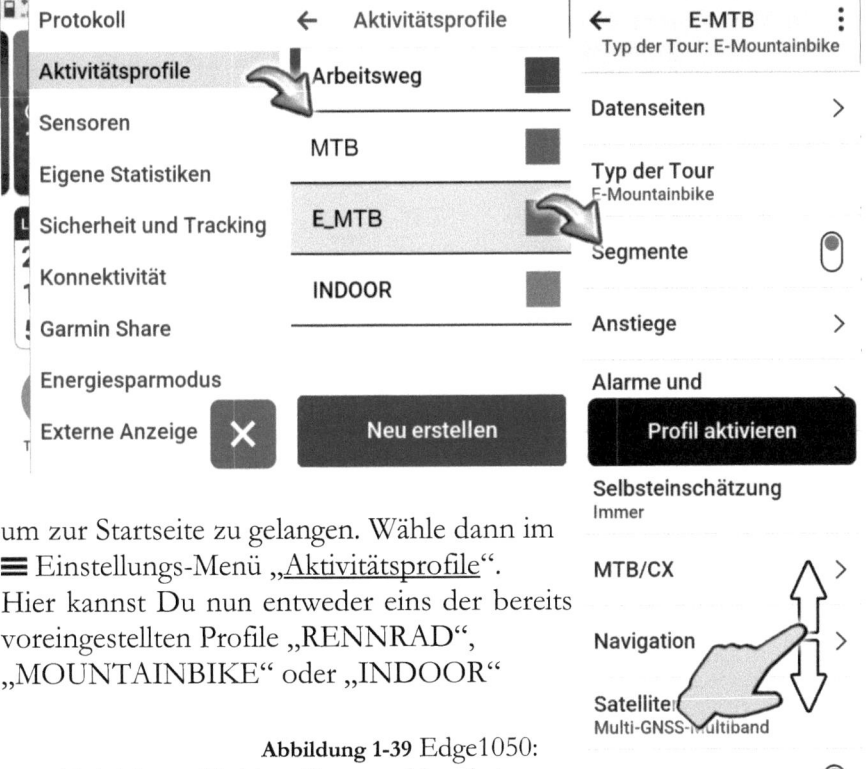

um zur Startseite zu gelangen. Wähle dann im ☰ Einstellungs-Menü „Aktivitätsprofile". Hier kannst Du nun entweder eins der bereits voreingestellten Profile „RENNRAD", „MOUNTAINBIKE" oder „INDOOR"

**Abbildung 1-39** Edge1050:
Aktivitätsprofile hinzufügen und bearbeiten

durch Antippen auswählen, umbenennen und jedes in seinen Einstellungen verändern oder über den Button am unteren Bildschirmrand „Neu erstellen" weitere eigene Profile hinzufügen. Daraufhin öffnen sich die Einstellungsoptionen des ausgewählten oder neu hinzugefügten Profils.

Die in meinem Bildbeispiel sichtbare Button-Zeile „Profil aktivieren" (3.Bild v.li.) bedeutet lediglich, dass ich gerade die Einstellungen eines Profils aufgerufen habe, welches ich aktuell nicht verwende und hiermit die Möglichkeit hätte, nun in dieses Aktivitätsprofil zu wechseln.

Beachte als erstes die Grundeinstellungen des jeweiligen Aktivitätsprofils über den ⋮ Button im rechten oberen Display-Eck:

• Durch Antippen der Zeile „**Umbenennen**" öffnet sich das Tastenfeld, mit dem Du den Profilnamen ändern kannst. Am unteren Bildschirmrand lassen sich mit **123** auch der Zahlenblock oder mit **>** die Umlaute aufrufen. Bestätige am Ende Deine Eingabe mit dem ✔ Häkchen im rechten unteren Display-Eck bzw. brich die Aktion mit ✘ im linken unteren Eck ab.

• In der Zeile „**Farbe**" wählst Du die Profilfarbe.

• Und mit der „**Entfernen**"-Option kannst Du dieses Aktivitäts-profil aus dem Edge löschen.

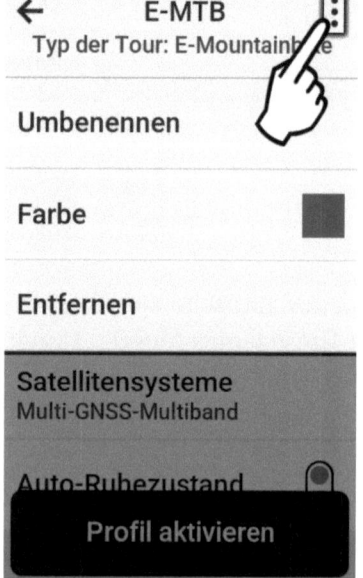

Mit jeder Änderung schließt sich dieses Grundeinstellungsmenü und muss für eine weitere Änderung nochmals über ⋮ geöffnet werden.

**Abbildung 1-40**
Grundeinstellungen des Profils

Kommen wir nun zu den allgemeinen Einstelloptionen des Aktivitäts-profils:

MENÜ● Mit dem Antippen der Zeile „**Datenseiten**" öffnet sich die bereits schon angesprochene Auswahl mit der Du festlegst, wie viele Seiten mit Datenfeldern, Karte, Höhenprofil etc. Dir während der Fahrt zur Verfügung stehen sollen.

Die Datenfeldseite „Seite 1" und einige andere Seitentypen sind bereits aktiviert. Die meisten der voreingestellte Seiten lassen sich ausblenden oder entfernen. Tippe dazu entweder auf das ✿ Zahnradsymbol am

unteren Displayrand, wodurch sich die Auswahl „Seite an-zeigen" öffnet. Tippe diese Zeile an, wodurch der Schie-beregler in die untere – die deaktivierte – Stellung springt. Damit wird diese Seite in ihrer Sicht-barkeit ausgeblendet.

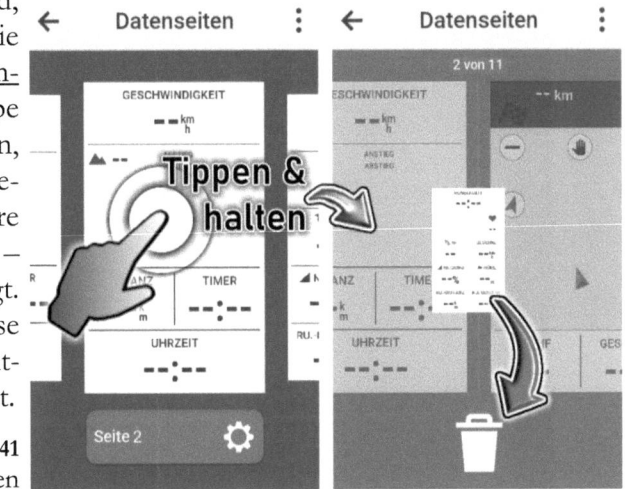

**Abbildung 1-41**
Datenseite entfernen

Oder tippe auf die dargestellte Datenseite und halte diese, wodurch sich der Mülleimer zeigt. Ziehe die noch gehaltene Seite auf das Mülleimer-Symbol und lass dort los, um diese Seite gänzlich aus diesem Aktivitätsprofil zu „Entfernen".

Möchtest Du weitere Datenseiten hinzufügen, wischst Du horizontal über das Display bis Du das Feld „+ Hinzufügen" sehen kannst. Tippe dieses an. Es erscheint die in der nächsten Abbildung, 2. Bild von links, dargestellte Ansicht. Hiermit kannst Du Dich nun also für den Typ der gewünschten Datenseite entscheiden.

Um eine Seite mit vielen Datenfeldern hinzuzufügen, tippst Du auf „Datenseite".

**Abbildung 1-42** Trainingsseiten hinzufügen und erste Datenfelder auswählen

**1.** Auf der erscheinenden Seite (3. Bild v.li.) wählst Du nun aus den hier vorhandenen Kategorien die Werte aus (4.Bild), die auf Deiner neuen Datenseite angezeigt werden sollen. Auf einer Datenseite lassen sich bis zu 10 **Datenfelder anordnen**.

(Du musst hier aber noch nicht alles korrekt auswählen, da sich die Anzahl der ausgewählten Werte und die Werte selbst auch im nächsten Schritt noch ändern lassen.)

Wähle so also z.B. aus der Kategorie „Geschwindigkeit" den Wert „Geschwindigkeit" und „Ø Geschwindigkeit" (es können mehrere gewählt werden) und kehre dann mit dem ← Pfeil in die Kategorie-Übersicht zurück.

Wähle noch weitere Werte aus anderen Kategorien, z.B. aus „Navigation" den Wert „Distanz bis nächsten Wegpunkt", „Distanz zum Ziel", „Geschätzte Ankunftszeit" etc.

oder auch aus der Kategorie „Strecken" den wertvollen Wert „VERBL. ANST." (Verbleibender Anstieg = Resthöhenmeter zum Ziel).

| ANST. GES. | VERBL. ANST. |
|---|---|
| **1849**m | **754**m |
| ⊿NEIGUNG | ▲ HÖHE |

Abbildung 1-43, oben
Datenfeldwert „Anstieg, gesamt"
und „Verbleibender Anstieg"

**RUNDENZEIT**

**43:09**

① ♥ **129**

DIST. STRP.  GESCHW.

⊞**673**②**m**  **11.2**km/h

↑NÄ. PUNKT  ▲HÖHE

③**18**m  **490**m

DIST. NÄ. WP  DIST. ZIEL

↗**673**m④  **4.93**⑤k/m

➔ Welche Werte zur Verfügung stehen, kannst Du im Anhang des Garmin Benutzerhandbuches nachlesen. ←

**Abbildung 1-44, links**
Bsp. einer Datenseite
1)Kategorie „Grafisch" >„Herzfrequ.kurve",
2)Kategorie Navigation: „Distanz bis Streckenpunkt", 3)„Anstieg zum nächsten Wegpunkt", 4),„Distanz zum nächsten Wegpunkt" sogar mit Abbiegepfeil,
5) „Distanz zum Ziel"

In der Kategorie „Connect IQ" findest Du die Datenfeldwerte, die Du Dir mittels Garmin-Express am PC oder Connect Mobile-App am Handy als zusätzliche Datenfeld-App im Connect IQ-Store auswählen und an Deinen Edge senden kannst. Auch diese Werte kannst Du dann wählen, um sie in einem der Felder auf Deiner neuen Datenseite anzuordnen. Hierbei gibt es aber auch Datenfeld-Apps die in **einem großen Datenfeld** angeordnet werden müssen, also die gesamte Datenseite ausfüllen, wie z.B. „My EDGE" von Stanislav Bures, hier im Bild.

**Abbildung 1-45** Connect IQ-Datenfeld App

**TIMER**
# 20:02

| UHRZEIT | VERSTRICHEN |
|---------|-------------|
| **15:22** | **¹16:12** |
| MX. GESCH. | Ø GESCHW. |

**Abbildung 1-46 links:** Verschiedene Zeitwerte auf Datenfeldseite anordnen

Zu den verschiedenen **Zeitwert**en noch ein kurzes Wort: Bei der Auswahl Deiner Datenfelder wirst Du feststellen, dass in der Kategorie „Timer" etliche Zeitwerte zur Auswahl stehen. Diese haben folgende Bedeutung:

- „Timer" = Reine Fahrtzeit bei Verwendung der „Auto-Pause" oder alles von Start bis Stopp und eingeschaltetem Edge.
- Zur „Verstrichenen Zeit" wird die gesamte Zeit seit dem Betätigen der ▐▶ Start-Taste bis zum Abspeichern der Aufzeichnung gezählt, egal ob in Bewegung oder im Stillstand, sogar auch dann wenn das Gerät in den Ruhezustand versetzt oder gänzlich ausgeschaltet wurde.
- „Rundenzeit" ist die Stoppzeit des aktuellen Streckenabschnittes, welcher mit dem letzten Betätigen der ↩Rundentaste unterteilt wurde.

Bestätige am Ende Deine Datenfeld-Auswahl mit dem ✔ Häkchen im oberen rechten Display-Eck.

**2.** Auf der daraufhin erscheinenden Seite „Layout bearbeiten" kannst Du nun Einfluss auf die Anzahl („**+**" oder „**−**" am unteren Bildrand antippen) und Aufteilung der Datenfelder nehmen. Für die Auswahl der Aufteilung tippst Du auf eins der klitzekleinen Darstellungen am unteren Display-Rand.

Bestätige wieder mit dem ✔ Häkchen rechts oben.

**Abbildung 1-47** Datenseite > Layout wählen

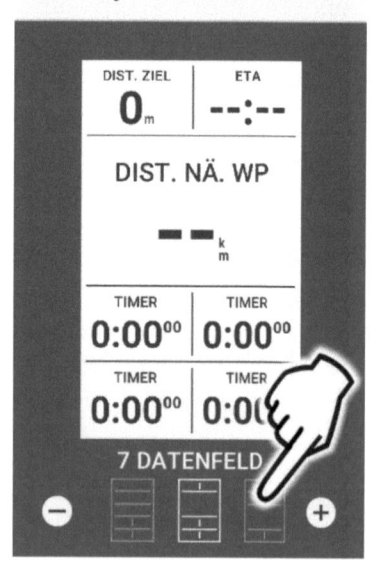

**3.** Deine ausgewählten Datenfeldwerte wurden nun an die gewählte Anzahl der Kästchen angepasst. Auf der erscheinenden Seite wirst Du bestimmt feststellen, dass die Position der einzelnen Werte für Dich nicht gerade perfekt ist. Hier kannst Du dies nun (a) korrigieren oder (b) doch andere Werte auswählen.

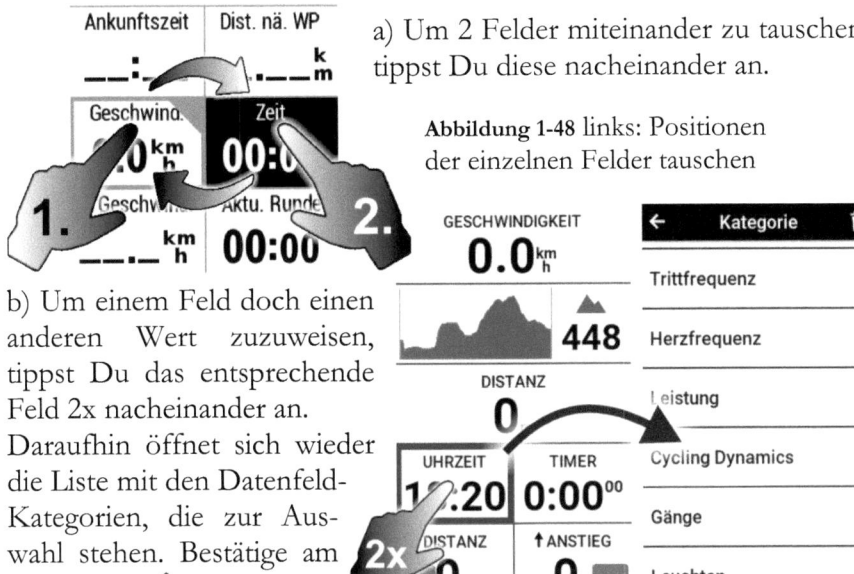

a) Um 2 Felder miteinander zu tauschen, tippst Du diese nacheinander an.

**Abbildung 1-48** links: Positionen der einzelnen Felder tauschen

b) Um einem Feld doch einen anderen Wert zuzuweisen, tippst Du das entsprechende Feld 2x nacheinander an. Daraufhin öffnet sich wieder die Liste mit den Datenfeld-Kategorien, die zur Auswahl stehen. Bestätige am Ende mit ✓ .

**Abbildung 1-49** Datenfeldwert ändern

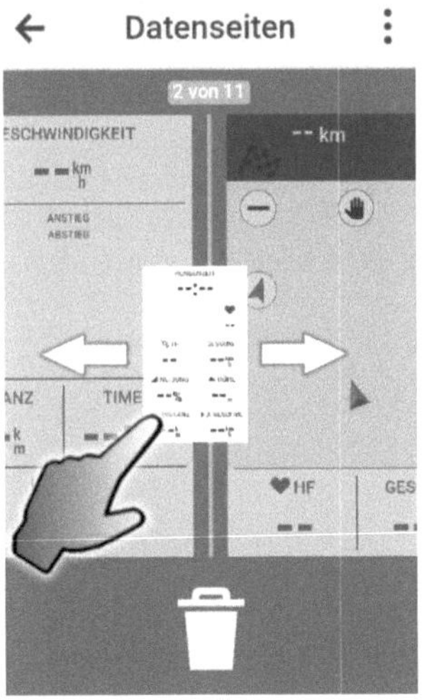

**4.** Um nun die <u>Reihenfolge</u> Deiner ausgewählten Datenseiten anzupassen (die Du während der Fahrt durchblätterst), tippst Du hier die entsprechende Datenseite lange an und hältst diese bis sich das Mülleimer-Symbol am unteren Bildschirmrand zeigt. Ziehe die Seite nun nach links oder rechts an die gewünschte Position oder eben auf das Mülleimer-Symbol, falls Du diese Seite entfernen möchtest.

**Abbildung 1-50** Seitenreihenfolge ändern

Bist Du mit Deinen Datenseiten soweit zufrieden und möchtest diese Einstellungen beenden, tippst Du auf den ← Pfeil links oben, um in das gesamte Einstellungs-Menü Deines Aktivitätsprofils zurückzukehren.

→ Aber auch die vorgefertigten Datenseiten wie z.B. die „Karte", „Stamina", „Kompass", „Training", „Segment" etc. kannst Du an Deine Vorlieben anpassen. Wähle hierzu bitte in den Aktivitätseinstellungen > Datenseiten > z.B. die „Karte" und tippe auf das Zahnrad-Symbol am unteren Bildschirmrand. Neben der Auswahl, dass Dir die Karte entweder „Immer" oder „Nur beim Navigieren" angezeigt werden soll, kannst Du hier nämlich auch Deiner Karte bis zu 4 Datenfelder hinzufügen. Tippe dazu in die Zeile „Datenfelder bearbeiten" und wähle dann in der erscheinenden Ansicht das — oder ✚ Symbol, um weniger oder mehr Datenfelder einzublenden.

So hast Du während der Fahrt in der „Karte" die wichtigsten Werte im Auge und musst nicht ständig auf eine andere Seite wechseln.

Deaktiviere den Schieberegler bei „Höhenprofil anzeigen", wenn Du Deine Kartendarstellung nicht zu sehr einschränken möchtest. ←

Abbildung 1-51 In der Kartenansicht 2 Datenfelder einblenden

Deine Änderung übernimmst Du mit ✓, wählst im Anschluss die Datenfeldwerte aus und kehrst mit 2x Antippen des ← Pfeil in die Einstellungen des Aktivitätsprofils zurück.

Weitere Einstelloptionen des Aktivitätsprofils:

MENÜ● Als „**Typ der Tour**" legst Du die Art der Betätigung fest, die dann so auch in Deinem Garmin Connect-Konto übernommen werden soll. Somit lassen sich später schnell alle Aufzeichnungen mit diesem Profil herausfiltern und für Auswertungen nutzen.

MENÜ● Durch Antippen der nächsten Button-Zeile „**Segmente**" aktivierst oder deaktivierst Du die Funktion zu diesen Zeitfahr-Elementen. So kannst Du für jedes Aktivitätsprofil separat festlegen, ob Dir Segmente in der Karte angezeigt und Deine Fahrzeit auf diesen automatisch gemessen werden soll. ←

MENÜ● Über die Option „**Anstiege**" kannst Du die ClimbPro-Funktion aktivieren, die Dir während einer Navigation beim Erreichen eines Anstieges eine zusätzliche Höhenprofilseite mit Distanz und Höhenmeter speziell zu diesem Anstieg einblendet. In der Zeile „Anstiegserkennung" legst Du fest, welche Anstiege diese Funktion beachten soll. Tippe auf „Nicht klassifiziert", wenn alle Anstiege angezeigt werden sollen. (Ein Anstieg gilt ab 50m Länge und Ø 3% Neigung). Oder tippe auf z.B. „Kategorie 3", wenn Dich ganz geringe Anstiege der Kategorie 4 nicht interessieren. Kehre dann mit ← in die Einstellungen des Aktivitätsprofils zurück.

Im Dropdown-Menü, auf der Widget-Seite „Anstiege entdecken" kannst Du am besten sehen, welche Anstiege in Deiner Nähe welche Kategorisierung haben, siehe hier das Einstellmenü ⋮ .

MENÜ● Die Kategorie „**Alarme und Meldungen**" enthält sämtliche Möglichkeiten, wann Dein Edge einen Alarm-Ton ausgeben soll, welcher aber eben auch nur für dieses Profil gilt. Diese Alarmierungen können in zeitlichen oder distanzierten Abständen, nach bestimmtem Kalorienverbrauch, Unter- oder Überschreiten eines gewissen Pulswertes, Trittfrequenz oder Leistungswertes programmiert werden. Die „Warnungen vor scharfen Kurven" ist für den ein oder anderen sicher auch eine hilfreiche Funktion. Sie warnt auch dann, wenn keinerlei Navigation aktiv ist.
Hier findest Du auch alle Optionen zur „Runde"nunterteilung. Nach dem Aktivieren des Schiebereglers „Auto-Lap" stehen Dir in der Zeile

„Auto Lap-Auslöser" mehrere Möglichkeiten zur Verfügung: „Nach Position", Entfernung oder Zeit. Bei der Auswahl von z.B. „Nach Position" lässt sich über die Zeile „Runde bei" festlegen, wie eine neue Runde erzeugt werden soll:

- Mit „Nur Lap-Taste" werden Teilstrecken/Runden erzeugt durch Betätigen der ↩-Taste sowie jedes Mal, wenn diese Position nochmals passiert wird (nur aktuelle Aufzeichnung).
- Mit „Start und Runde" werden Teilstrecken/Runden erzeugt durch Betätigen der ↩ Runden-Taste, dem wiederholten Erreichen dieser Position und der, wo die Start-Taste betätigt wurde (nur während der aktuellen Aufzeichnung).
- Mit „Speichern und Runde" werden Teilstrecken/Runden an GPS-Positionen erzeugt, die beim wiederholten Abfahren dieser Strecke weiterhin aktiv bleiben und selbstständig wieder Rundenunterteilungen erzeugen (Verwende dazu die hier erscheinende 4.Zeile „Position speichern").

Über die Zeile „Benutzerdefiniertes Rundenbanner" legst Du fest, welche Werte Dir für den zuletzt zurückgelegten Fahrabschnitt angezeigt werden sollen (siehe „Runden-Taste", Seite 30).

Kehre mit 2x ← in die Einstellungen des Aktivitätsprofils zurück.

MENÜ● Im Menü-Punkt „**Timer**" findest Du folgende Einstellungen:

- „Auto Pause" = Aufzeichnung der reinen Fahrtzeit. Hier kann zwischen „Aus", „Wenn angehalten" oder „Benutzerdefiniert" gewählt werden. Die Eingabe einer selbst gewählten Geschwindigkeit von z.B. 2,8 km/h macht sich ganz gut, wenn man als MTBiker (ohne E-Unterstützung ;-) einen steilen Anstieg hochklettert. Da man in dem Fall recht langsam unterwegs ist, würde der Edge mit der Einstellung „Wenn angehalten" nicht so recht wissen, ob man sich noch bewegt oder ob es die GPS-Abweichung ist, die die Bewegung ausmacht. So schaltet er öfters als gewollt in den Pause-Modus. Bei längerem Schieben des Bikes auf einem unfahrbaren Abschnitt kann das genauso nervig werden, wenn die Töne aktiv sind.

- Mit dem „Timerstartmodus" kannst Du festlegen, ob der Edge Deine Aufzeichnung „Automatisch" bei der eingestellten Geschwindigkeit beginnen soll oder mit der Einstellung „Auswahl" Dich nur erinnern soll, sobald er die eingestellte Bewegungsgeschwindigkeit erkennt, dass Du die „ ▶ " Start-Taste drücken musst. Mit der Einstellung „Manuell" musst Du hingegen immer selbst daran denken, zu Beginn der Tour die Stoppuhr und GPS-Aufzeichnung mit der „ ▶ " Start-Taste zu beginnen.

Kehre dann mit dem ← Pfeil in die Profileinstellungen zurück.

Mit den MENÜ● Punkten „**Ernährung/ Flüssigkeitsaufnahme**" und „**Selbsteinschätzung**" lassen sich interessante Zusatzdaten zu jeder/m Tour/Training speichern sowie mit „**MTB/CX**" Alarme für den Downhill-Bereich aktivieren.

MENÜ● Das Menü „**Satellitensysteme**" kennst Du bereits. Es ist dasselbe, welches Du über das Dropdown-Menü, auf der Statusseite > „GPS" erreichst (Seite 23).

**Abbildung 1-52**
Selbsteinschätzung nach der Tour

MENÜ● „**Auto-Ruhezustand**" >„Ein" bedeutet, dass der Edge automatisch in den Ruhezustand versetzt wird, sobald keine Aufzeichnung aktiv ist und 5 Minuten lang keine Display- oder Tastenberührung stattfand.

## Navigations- und Karteneinstellungen des Profils

Öffne nun bitte in den Einstellungen des Aktivitätsprofils den Menüpunkt „**Navigation**". Hier versteckt sich eine ebenso ganz wichtige Kategorie, nämlich die der **Karteneinstellungen** (1.Bild v.li.).

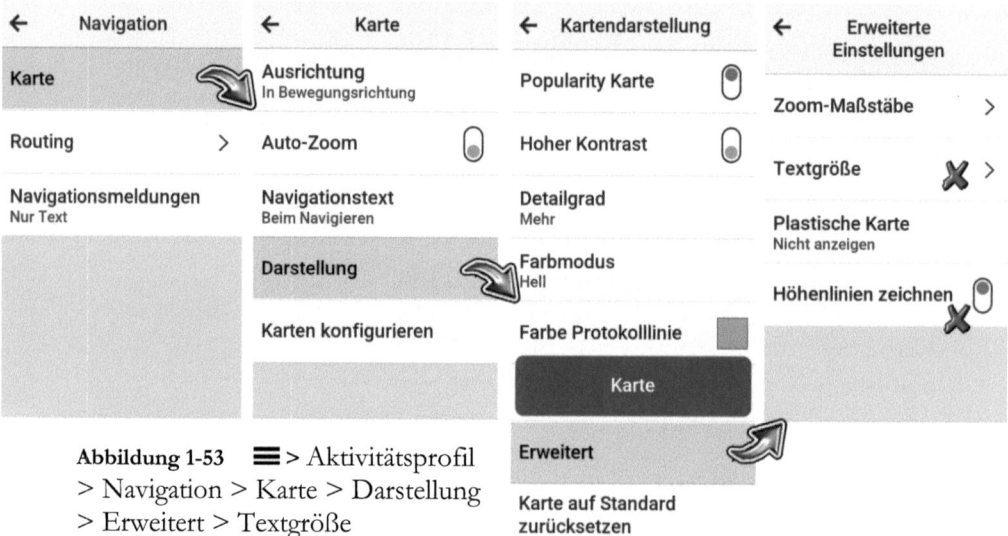

**Abbildung 1-53** ≡ > Aktivitätsprofil > Navigation > Karte > Darstellung > Erweitert > Textgröße

Damit lässt sich Einfluss auf folgende Karteneinstellungen nehmen (2.Bild v.li.):

- Das, was wohl jedem Fahrradfahrer am Herzen liegt und von Werk aus auch so eingestellt ist – die Ausrichtung „In Bewegungsrichtung". Wer möchte kann sich die Karte auch auf „Norden oben" umzustellen.

- Mit einem aktivierten Schieberegler in der Zeile „Auto-Zoom" (runder Punkt oben und farbig) wird der Anzeigemaßstab automatisch gewählt, z.B. bei Abbiegesituationen. Sollte Dich das stören und möchtest Du selbst entscheiden in welcher Größe die Karte sichtbar ist, kannst Du hier den Autozoom „Aus"-schalten.

- Die Anzeige des <u>Navigationstextes</u> kann man auch auf die Funktion nur „Beim Navigieren" reduzieren. So verschwindet der Text am oberen Kartenrand, wenn keine Navigation aktiv ist.

  Wem die Kartenansicht sowieso immer zu klein ist, kann auch die Einstellung „Nie anzeigen" wählen. Denn Abbiegehinweise werden (durch die Einstellung bei „Navigation">"Navigationsmeldungen: „Nur Text" oder „Karte") sowieso automatisch als Textnachricht oder als Karte mit Abbiegepfeil eingeblendet (egal auf welcher Datenseite Du Dich gerade befindest, siehe Abb. 1-57).

Abbildung 1-54
Navigationstext

- Über die Option „**Darstellung**" kannst Du auf der sich öffnenden Seite durch die Aktivierung des Schiebereglers bei „<u>Popularity Karte</u>" die meist genutzten Wege in Lila hervorheben lassen sowie mit der Aktivierung „<u>Hoher Kontrast</u>" die gesamte Darstellung kontrastreicher wählen.

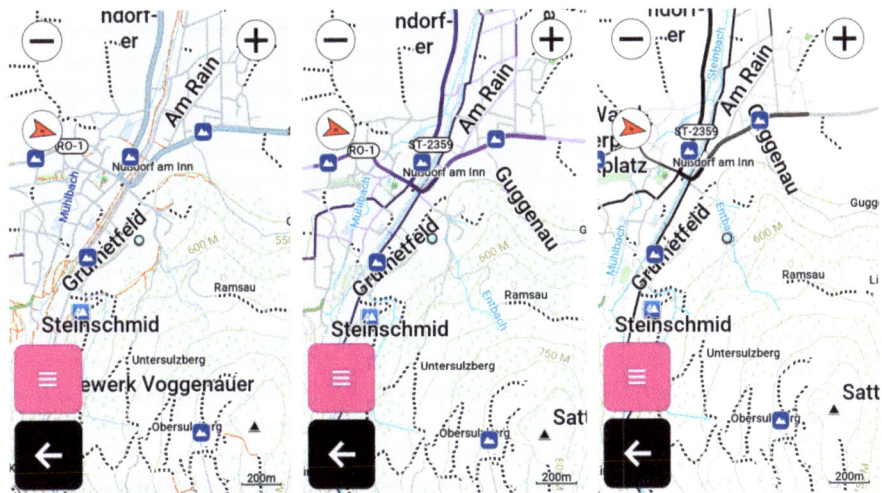

Abbildung 1-55 wählbare Kartendarstellungen:
    Standard        |    „Popularity Karte"    |  + „Hoher Kontrast"

Um Dir die jeweiligen Ansichten zeigen zu lassen, tippe auf den „Karte"-Button am unteren Bildrand. In der sich öffnenden Kartenansicht kannst Du über den ≡ Menü-Button ebenfalls die meistgenutzten Wege („Popularity Karte") ein- oder ausschalten, aber genauso auch die Sichtbarkeit von Segmenten und Streckenpunkten, die Du in den Edge geladen hast.

- Mit der 3.Zeile „Detailgrad" kannst Du die Anzeige von den Kartendetails erhöhen (je höher der Detailgrad, desto länger dauert auch der Kartenaufbau).

- Die Einstellung zum „Farbmodus": kannst Du abweichend von Deiner Auswahl in den Systemeinstellungen speziell für dieses Profil wählen (siehe Seite 64, Systemeinstellg. > Anzeige). Mit der Einstellung „Dunkel" wird man bei Dunkelheit nicht übermäßig vom Display geblendet. Solltest Du mit der Sichtbarkeit einer dunklen Karte nicht zurechtkommen, kannst Du hier den Farbmodus ausschließlich der Karte auf „Hell" einstellen.

- Auf alle Fälle interessant ist die „Farbe Protokolllinie", die werksmäßig in Türkis gut gewählt ist. Wer aber eben die eigene Aufzeichnungslinie in einer anderen Farbe im Kartendisplay sehen möchte, darf hier frei wählen.

- Letztendlich kannst Du über die „**Erweitert**"en Karteneinstellungen Einfluss auf die „Zoom-Maßstäbe" (ab welchem Darstellungsmaßstab bestimmte Punkte zu sehen sein sollen) sowie die Textgröße von Wegpunkten und Straßennamen nehmen, aber auch die Schattierung der „Plastischen Karte" nutzen bzw. abschalten oder die Anzeige der Höhenlinien aktivieren (immer sinnvoll).

- Sind Deine Karteneinstellungen völlig wild verstellt, dann wähle den letzten Menüpunkt „Karte auf Standard zurücksetzen" und bestätige die erscheinende Sicherheitsfrage mit ✔ .

Kehre dann mit ← in die oberste Ebene der Karteneinstellungen zurück.

In der Zeile <u>Karten konfigurieren</u> findest Du alle im Edge gespeicherten Kartendaten. Die in den einzelnen Feldern aufgeführten Kartenteile lassen sich durch Antippen aktivieren oder deaktivieren. Somit sind diese auf der Kartenseite sichtbar oder nicht sichtbar, d.h. sie werden beim Routing verwendet oder nicht verwendet. Die Basiskarte („...Basemap") solltest Du unbedingt immer aktiviert lassen! Diese ermöglicht den schnellen Bildaufbau beim Herauszoomen.

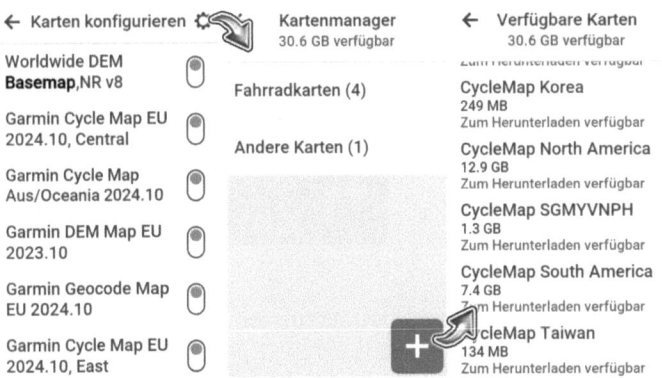

**Abbildung 1-56**
Kartenmaterial aktivieren/deakti vieren
oder per WLAN hinzufügen

➡ Achtung: Wenn man den Edge mit Kartenmaterial erweitert, welches denselben Abdeckungsbereich einer hier schon vorhandenen Karte hat, muss man evtl. ein oder mehrere Kartenteil/e deaktivieren, damit die gewünschte Karte sichtbar ist. Denn die Karten liegen als Ebenen übereinander und verdecken die darunterliegende Karte. ⬅

Über das Zahnrad-Symbol im rechten oberen Display-Eck erreichst Du den <u>Kartenmanager</u> (wie auch von der 🏠 Startseite aus: ☰ > System > Kartenmanager), über den Du bei bestehender WLAN-Verbindung über das ✚ Symbol weitere Kartenteile auf den Edge laden kannst.

Verlasse dann die Karteneinstellungen mit dem ← Pfeil links oben, um in das Navigationsmenü zurückzukehren.

Die speziellen „Routing"-Einstellungen zur Navigation lassen wir jetzt erst einmal außer Acht, diese sehen wir uns später im Zusammenhang mit den jeweiligen Navigationsaufgaben an.

Aber für die Art der „Navigationsmel-dungen" können wir uns jetzt schon einmal entscheiden. Soll sich während einer Navigation, wenn Du auf eine Abbiegung zurollst und eine andere Ansicht als die Kartenseite vor Augen hast, nur ein dezenter **Abbiegehin-weis als Text** oder immer die „**Karte**" **mit Text** einblenden?

Abbildung 1-57
Navigationsmeldung „nur Text"

Kehre dann mit dem ← Pfeil in die Aktivitätseinstellungen zurück.

Damit haben wir nun eins Deiner Aktivitätsprofile erfolgreich eingestellt. War das nur Dein Testprofil, so kannst Du dieses Profil über den ⋮ Menü-Button im rechten oberen Display-Eck sofort wieder entfernen. Für jedes weitere Aktivitätsprofil, wie z.B. das Training auf der Rolle „INDOOR" oder sogar die Nutzung als Navi am Motorrad oder im Pkw, musst/darfst Du nun all diese Einstellungen noch einmal ausführen, kannst dadurch aber eben auch alles ganz speziell auf dessen Anforderungen anpassen.

**Tipp**: Beim Hinzufügen eines neuen Profils (☰ > Aktivitätsprofile: „Neu erstellen") hast Du die Möglichkeit ein vorhandenes, von Dir nun schon perfekt angepasstes Profil zu kopieren. So bräuchtest Du vielleicht nur noch kleine Änderungen vornehmen.

# Eigene Statistiken & Trainings-Einstellungen

Wähle auf der Startseite den ☰ Menü-Button > „Eigene Statistiken".

Das ist der Fitness-Coach in Deinem Edge. Hier findest Du alles über Deine physikalische Fitness und Trainingsbelastung, so auch Dein errechnetes „Fitnessalter", die getätigten „Intensitätsminuten" (laut WHO werden für eine gesunde Lebensführung 150min pro Woche empfohlen) und Deine persönlichen Rekorde.

## Benutzerprofil

Tippe am unteren Ende der „Eigene Statistiken"-Liste den Menüpunkt „Benutzerprofil" an. Hier kannst Du noch einmal Deine Personendaten ändern, falls Du diese bei Gerätestart nicht korrekt eingegeben hattest. Diese Daten werden unter anderem für die Kalorienberechnung verwendet. Kehre dann mit dem ← Pfeil in die Liste der Eigenen Statistiken zurück.

Wähle den Menüpunkt **Trainingszonen** Hier hast Du die Möglichkeit über das Untermenü „Herzfrequenz-Bereiche" Deine Pulswerte einzutragen, bei denen Du Grundlagen, Ausdauer und Kraft trainierst. Wenn Dein Trainingsziel leistungsorientiert ist und Du den Edge mit einem Wattmess-System gekoppelt hast, macht es Sinn die Eingabemaske „Leistungsbereiche" zu öffnen und diese Werte anzupassen.
Kehre dann mit ← in die Liste der „Eigenen Statistiken" zurück.

| ← Eigene Statistiken | |
|---|---|
| Belastungswert | > |
| Fitnessalter | > |
| Intensitätsminuten | > |
| Persönliche Rekorde | > |
| Trainingszonen | > |
| Benutzerprofil | > |

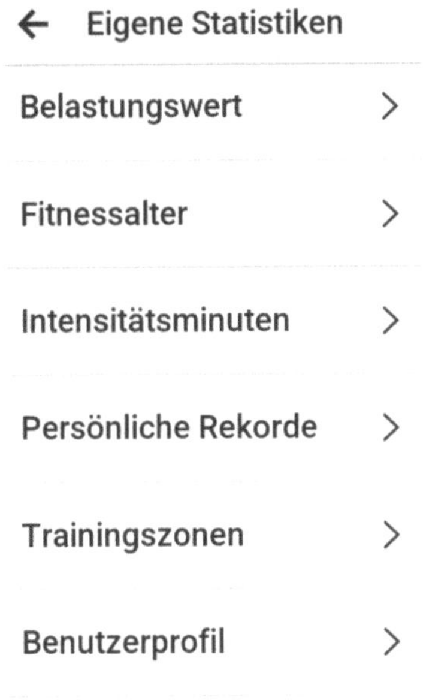

Abbildung 1-58  ☰ > „Eigene Statistiken"

Ist Dein Trainings leistungsorientiert, kontrolliere durch Antippen der 3. Zeile „**Leistung**" und der dortigen Auswahl über den ⋮ Button rechts oben, ob hier „FTP automatisch erkennen aktiviert" ist. Somit kann der Edge Deine Laktatschwelle – die leistungsbezogene anaerobe Schwelle (= der Punkt, an dem Deine Muskeln schnell zu ermüden beginnen) – anhand Deiner Geschwindigkeit, Herzfrequenz, Leistung und dem VO2max-Wert relativ genau ermitteln. Neben der automatischen Ermittlung kannst Du den FTP-Test aber auch jederzeit über den gleichnamigen Button hier im ⋮ FTP-Menü manuell starten, oder wenn Du ihn kennst mittels „FTP einrichten" als Wert eingeben. Verlasse mit ← das FTP-Menü.

Der Edge lernt Dich anhand diverser Messungen mit jedem Training besser kennen und stellt Dir auf der „Eigenen Statistiken"-Seite > „**Trainingszustand**" mit mehreren Grafiken (horizontal durchblättern) etliche Tipps zu einem gesunden Training dar.

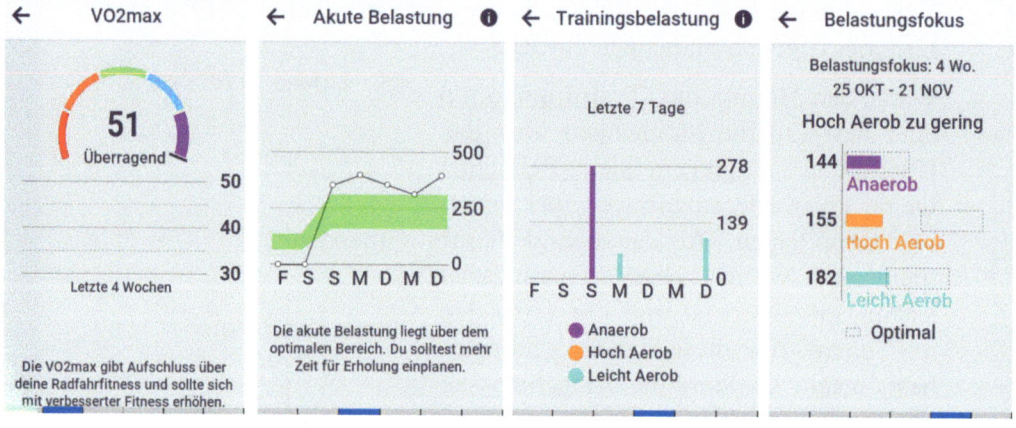

**Abbildung 1-59** ☰ > Eigene Statistiken > Trainingszustand, horizontal durchblättern

Achte im Menüpunkt „**Leistungsbenachrichtigungen**" darauf, dass alle Meldungen aktiviert sind, damit Du automatisch informiert wirst, sobald sich Deine Fitness in einem der hier aufgeführten Punkte verbessert hat. Kehre dann in die „Eigene Statistiken" mit ← zurück.

Im Menüpunkt „**Belastungswert**" kannst Du Dir anhand einer 3-minütigen Messung mittels Pulsgurt auf einer Skala von 1 bis 100 darstellen lassen, wie gestresst Dein Körper aktuell ist. Dabei spielen Training, Schlaf, Ernährung und der Stress des Tages eine Rolle. Die Ursache für einen hohen Belastungswert können also ein intensives (zu extremes) Training oder auch zu viel Stress im Alltag sein.

→    Weitere Beschreibungen zur Bedeutung der einzelnen physiologischen Messwerte sind im Garmin-eigenen Handbuch im Abschnitt „Eigene Statistiken: Leistungsmesswerte" detailliert beschrieben. ←

# System-Einstellungen

Abbildung 1-60 ≡ > System > Anzeige

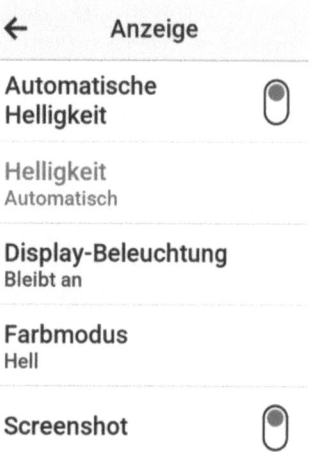

Alle Einstellungen die das Gerät im Allgemeinen betrifft, erreichst Du entweder:

- von der Startseite aus, über den ≡ - Button > System
- oder durch Aufziehen der Statusseite und dem dort angeordneten „Einstell."- Button > „System".

Den obersten Menüpunkt
MENÜ● „**Anzeige**" kennen wir flüchtig vom Einstellen der Display-Beleuchtung:

- Mit der hier angeordneten Button-Zeile „Automatische Helligkeit" lässt sich ähnlich wie auf der Statusseite der automatische Lichtsensor deaktivieren und daraufhin die Lichtstärke in der 2.Zeile „Helligkeit" manuell regeln.

- Die Einstellung zum „Farbmodus": „Automatisch" schaltet den Edge nach Sonnenuntergang in einen negativ gefärbten Darstellungsmodus. Alles was tagsüber mit dunklen Buchstaben, Linien, Symbolen etc. auf hellem Grund angezeigt wurde, wird dann eben Hell auf schwarzem Grund dargestellt. (Ausnahme: Den Farbmodus der Karte, den kannst Du in dem jeweiligen Aktivitätsprofil > Navigation > Karte > Darstellung separat wählen.) Wer also bei Dunkelheit im Freien noch seine Runden dreht wird so nicht übermäßig vom Display geblendet. Wenn Du diese Funktion überhaupt nicht brauchst, kannst Du den Farbmodus gern auf „Hell" stellen.

- Die Funktion „ScreenShot" bietet Dir die Möglichkeit, durch kurzen Druck auf die ⬚ EIN/AUS-Taste die aktuelle Anzeige als Bild abzuspeichern, weil diese z.B. einen besonderen Eindruck macht und Du im Nachhinein jemandem zeigen möchtest. Diese Bild-Datei findest Du nach Koppelung mit dem PC im „ScreenShot"-Ordner des Gerätespeichers.

Kehre mit ⬅ in die „System"-Einstellungen zurück.

MENÜ● Von der Startseite aus: ☰ > System > „**Töne**" hast Du denselben Zugriff wie auf der Statusseite > Töne im Dropdown-Menü, dessen Einstellmöglichkeiten wir uns dort zum größten Teil ja schon angesehen hatten. Nur eins noch: Tippe in der obersten Zeile „Töne" rechts auf den ➤ Pfeil, um überhaupt festzulegen, welche Vorkommnisse sich mit einem Ton bemerkbar machen sollen.

MENÜ● „**Datenaufzeichnung**":

- Durch die Auswahlen in den Menüzeilen „Durchschnittliche Trittfrequenz" und „Durchschnittliche Leistung" kannst diese Durchschnittswerte mit oder ohne den ausgesetzten Tretbewegungen ermitteln lassen.

- „HFV speichern" veranlasst den Edge Deine Herzfrequenzvariabilität während einer Aktivität aufzuzeichnen.

Kehre mit ⬅ in die System-Einstellungen zurück und öffne nun bitte

MENÜ● „**Einheiten**". Neben den Maß- und Zeiteinheiten, für die es wohl keiner Erklärung bedarf, findest Du hier auch das Positionsformat. Mit diesem kannst Du die Zahlendarstellung von Koordinaten wählen.

Mit den verschiedenen Möglichkeiten beschäftigen wir uns im Kapitel 2/ „Suchen – Koordinaten".

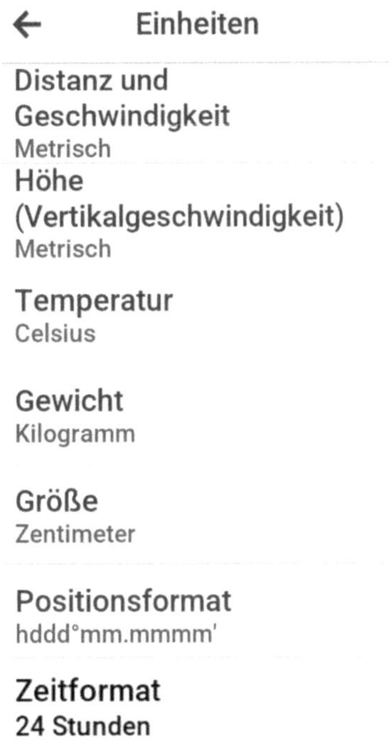

**Abbildung 1-61**

☰ > System > Einheiten

⬅        Einheiten

Distanz und
Geschwindigkeit
Metrisch

Höhe
(Vertikalgeschwindigkeit)
Metrisch

Temperatur
Celsius

Gewicht
Kilogramm

Größe
Zentimeter

Positionsformat
hddd°mm.mmmm'

Zeitformat
24 Stunden

Zurück ← in den System-Einstellungen:

MENÜ● Die „**Kompasskalibrierung**" geschieht automatisch, kann aber bei widersprüchlichen Anzeigen wie evtl. nach langen Strecken und starken Temperaturveränderungen von Dir manuell durchgeführt werden. Das Menü zeigt Dir was zu tun ist.

MENÜ● „**Höhenmesser**" ermöglicht Dir die Kalibrierung des Edge-Barometers. Durch Antippen der Zeile > Kalibrieren, kannst Du (falls Du doch einmal zu starke Abweichungen bemerken solltest) die aktuelle Höhe „Manuell eingeben",  per DHM (dem digitalen Höhenmodell aus dem Kartenmaterial) oder per GPS ermitteln lassen. Mit der aktivierten „Auto-Kalibrierung" bist Du jedenfalls immer bestens bedient. So erfasst der Edge sofort nach Gerätestart und GPS-Empfang die genauen Höhendaten und kalibriert sich auch fortlaufend selbst.

MENÜ● **Sprache**: Solltest Du aus Versehen eine Sprache gewählt haben, die Du nun nicht mehr lesen kannst, hilft Dir vielleicht diese Übersicht mit der Du die Button-Zeilen zählen kannst, um zur Sprachauswahl zu gelangen:

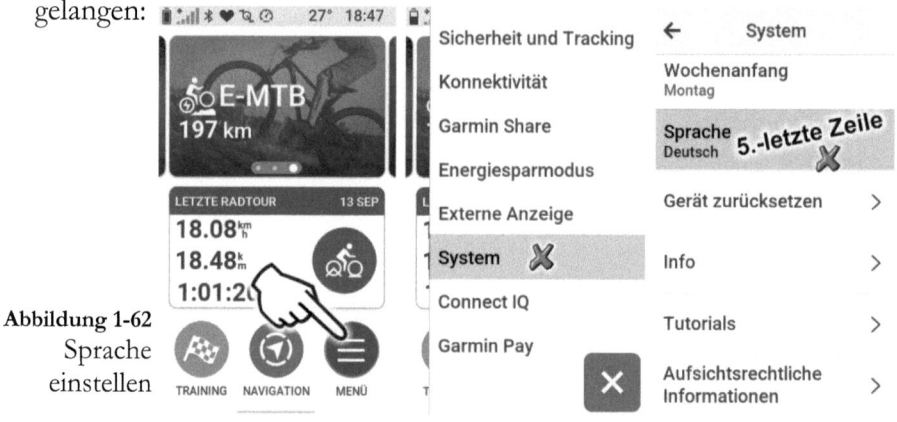

**Abbildung 1-62**
Sprache
einstellen

MENÜ● Von der Startseite aus: ☰ > System > „**Gerät zurücksetzen**" kannst Du entweder den Edge nur von Deinen veränderten Einstellungen her mit „Werksstandards wiederherstellen" bereinigen (wobei alle Aufzeichnungen und GPS-Daten erhalten bleiben) oder mit

„Daten löschen und Einstellungen zurücksetzen" den Edge komplett in den Auslieferungszustand versetzen, wobei also wirklich alles gelöscht wird.

Kleiner Systemabsturz:
Sollte sich Dein Edge während einer Aktion „aufhängen", also der Bildschirm wie eingefroren erscheinen und auf keinerlei Tastendruck reagieren, so hältst Du bitte die ⏻ EIN/AUS-Taste einfach solange gedrückt (mind. 10 sec), bis sich das Display abschaltet. Nach dem Loslassen der Taste startet der Edge kurz darauf neu und alles sollte wieder in Ordnung sein. Daten und Einstellungen gehen dabei **nicht** verloren.

Von der Startseite aus: ☰ > System > „**Info**" erhältst Du Auskunft über die Software-Version und im Menü „Copyright-Informationen" die Geräte-ID. Wenn eine „WLAN" oder „Bluetooth"-Verbindung aktiv ist, kannst Du hier auch die Suche nach Software-Updates starten und bei Erfolg installieren lassen.

Über MENÜ● „Tutorials" kannst Du Dir nochmal ein paar Hand-kniffe zum Edge zeigen lassen. Durch ein Antippen des Displays beendest Du diese Anzeige.

Na wer sagt´s denn? Da haben wir unseren Edge doch schon mal ganz gut kennengelernt, zumindest was die Benutzer- und System-Einstellungen angeht.

HERZLICHEN GLÜCKWUNSCH!

# Smartphone & Edge – Funktionen mit Handyempfang

## Datenübertragung per Bluetooth - Kopplung mit dem Smartphone

Um die folgenden Funktionen des Edge nutzen zu können, benötigst Du eine Bluetooth-Verbindung zu einem Smartphone, welches sich in unmittelbarer Nähe zum Edge befindet (auf Tour sicher verpackt im Rucksack oder Trikottasche).

Des Weiteren benötigst Du:

- Die „Garmin Connect Mobile"-App auf Deinem Smartphone (verfügbar für iPhone, Android und Windows) und
- Ein Garmin Connect-Benutzerkonto.

<u>Koppeln des Smartphones mit dem Edge</u>

**1.** Nach erfolgreicher Installation öffnest Du bitte die Garmin Connect Mobile-App an Deinem Handy und loggst Dich mit den Zugangsdaten in Dein Connect-Benutzerkontos ein. Falls Du noch kein Konto besitzt, registriere Dich für ein solches kostenloses Benutzerkonto über den Button „Konto erstellen".

→ Wenn Du die App am Handy das erste Mal öffnest, kann es passieren, dass andere an Deinem Handy installierte Fitness-Apps auch gern die Daten aus Deinem Edge verwenden möchten, z.B. bei Apple-Handys die „Health"-App, und bitten daher sofort und einmalig um eine Zustimmung. Solche Apps haben allerdings nichts mit Garmin zu tun. Daher kannst Du hier alle Schieberegler in der deaktivierten Stellung belassen und diese Seite mit Antippen des Buttons „Nicht erlauben" schließen bzw. sowieso immer gut überlegen, an wen Du Deine Daten weitergeben möchtest. ←

Welche sonstigen Drittanbieter auf die Daten Deines Connect-Kontos zugreifen möchten oder das bereits schon tun, kannst Du im Menü der App „...Mehr" > Einstellungen > „Verknüpfte Apps" nachsehen und gegebenenfalls abstellen. ←

**2.** Nach dem erfolgreichen Anmeldevorgang und bei Erstnutzung der Connect Mobile-App leitet Dich der Assistent durch die Einrichtung der App und fordert dann automatisch zum Koppeln Deines Garmin-Gerätes auf. Sollte der Assistent nicht erscheinen, öffnest Du bitte das Menü „…Mehr" und wählst hier „Garmin-Geräte" sowie auf der daraufhin erscheinenden Seite „Gerät hinzufügen".

**3.** Am Edge aktivierst Du Bluetooth von der Startseite aus: ≡ > Konnektivität > „Telefon". Tippst in die Zeile mit dem Schieberegler bei „Aktivieren" und dann auf die Button-Zeile „Smartphone koppeln". Bestätige den erscheinenden Kennungscode und durchlaufe den Einrichtungsprozess an Deinem Handy.

Hat alles geklappt, wird der Edge als kleines Symbol im oberen rechten Eck der Startseite Deiner Connect Mobile-App mit einem grünen Punkt angezeigt. Über dieses Geräte-Symbol (oder im Menü „…Mehr" > Garmin-Geräte > „Edge 1050") kannst Du auf die Geräte- und Benutzereinstellungen Deines Edge zugreifen und von hier aus genau-

so verwalten wie in den Einstellungen direkt am Edge.

Hier richtest Du z.B.: die Bezahlfunk-tion „Garmin Pay" ein, wenn Du mit dem Edge bargeldlos bezahlen möchtest.

**Abbildung 1-63**
Garmin Connect
Mobile-App

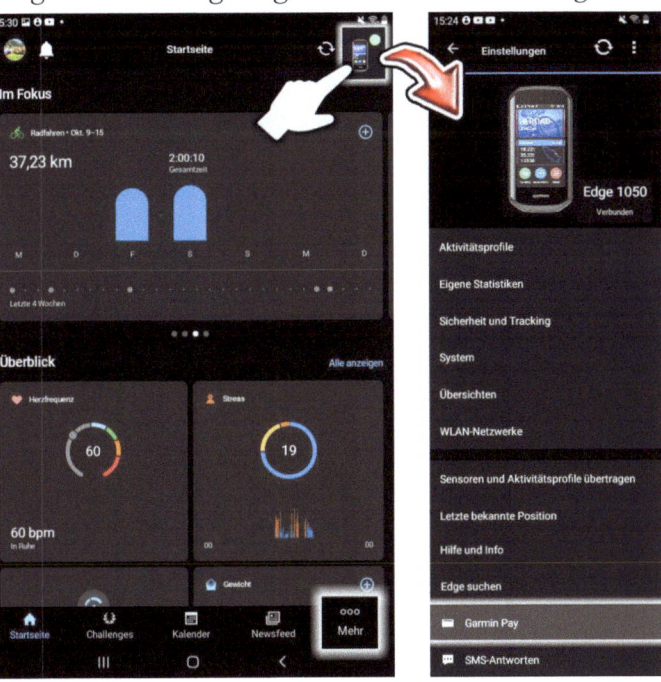

So lassen sich am größeren Handy-Bildschirm die „SMS-Antworten" besser vordefinieren, die Du dann während der Fahrt schnell auf eintreffende Nachrichten abschicken kannst.

Oder noch viel interessanter: Die „Sensoren & **Aktivitätsprofile übertragen**", falls Du bereits ein Vorgängermodell oder einen anderen Edge besitzt und diese gleich so übernehmen möchtest.

Auch die auf der Edge-Startseite angeordneten „**Übersichten**" kannst Du hier durch Antippen, Halten und Ziehen des ═ Buttons ganz rechts in Ihrer Reihenfolge ändern oder durch Antippen des ▬ oder ✚ Buttons aus- oder einblenden. So lässt sich z.B. die Übersicht zum **Wetter** auf die Startseite legen oder als System>Widgets in das Dropdown-Menü packen.

**Abbildung 1-64**
Wetterübersicht

Die in Deinem Edge zusätzlich installierbaren Connect IQ-Apps verwaltest Du im **Connect IQ-Shop**. Das ist eine weitere App, dessen Zugang Du hier in der Connect-App

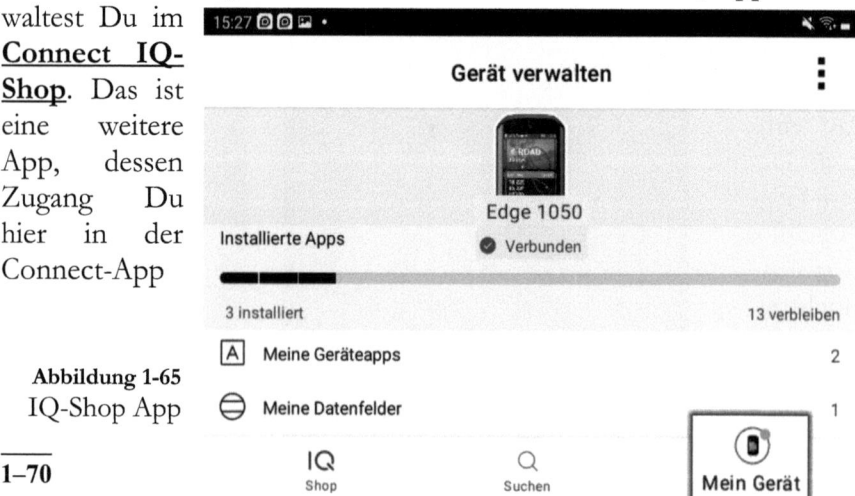

**Abbildung 1-65**
IQ-Shop App

im Menü „…Mehr" > „Connect IQ-Shop" findest. Wähle in der sich daraufhin öffnenden IQ-Shop App „Mein Gerät", um die im Edge evtl. bereits installierten Apps anzusehen und dessen Einstellungen zu ändern, wenn es sich um konfigurierbare Apps handelt. Oder wähle den ⌕-Button, um nach Connect IQ-Apps zu suchen und zu installieren. Mehr zu den Connect IQ-Apps im Kap.3/"Connect IQ-Apps …per PC installieren".

**Notruffunktion**

Der Edge kann mit den integrierten Bewegungssensoren einen Fahrradunfall erkennen.

Um die erforderlichen Daten für eine Unfall-Benachrichtigung einzugeben, wählst Du in der Connect Mobile-App am Handy auf der Geräteseite > „Sicherheit und Tracking" > „Notfallkontakte", gibst hier Deinen Namen ein und wählst dann Deine Kontaktperson. Gibst Du keine Daten ein, bleibt die Notfallfunktion deaktiviert.
Am Edge solltest Du dann im ☰ > Sicherheit und Tracking > „Unfall-Benachrichtigung" kontrollieren, dass sich der Schieberegler bei allen in Frage kommenden Aktivitäten in der oberen – der aktivierten – Stellung befindet. Mit der Button-Zeile „Hilfe erforderlich" kannst Du auch manuell einen Hilferuf an Deine Kontaktperson senden.

Wurde ein Sturz automatisch erkannt, bleiben Dir 30 Sekunden Zeit, das Absenden der Notfallmeldung zu stoppen. Dazu erscheint ein Button am Edge sowie am Handy-Display. Sollte die Notfallmeldung trotzdem bereits ungewollt gesendet worden sein, kannst Du am Edge das Dropdown-Menü (von oben nach unten) aufziehen, dann nach rechts oder links zum „Steuerungen"-Widget blättern und hier über die Zeile „Unfall erkannt" die Statusmeldung „Alles OK" hinterherschicken. … und ein persönlicher Anruf ist dann wohl auch ganz angebracht.
Im Falle eines Unfalls bekommt die Kontaktperson eine SMS-Benachrichtigung sowie (wenn E-Mail Adresse angegeben) eine E-Mail mit Koordinaten-Angabe und einem Link zur Google-Karte, in der die Unfall-Position dargestellt wird.

➔ Für diese Funktion muss Dein Edge während Deiner Aktivität natürlich mit Deinem Smartphone verbunden sein. ⬅

## Live-Tracking und GroupTrack/Ride-Funktion

Mit dem Edge 1050 ist es neben den umfangreichen Trainings- und GPS-Funktionen auch gleichzeitig möglich, die aktuelle Position anderen mitzuteilen und die Tour somit in Echtzeit miterleben zu lassen (=**Live-Tracking**). Das ist z.B. während eines 24-h Rennens eine grandiose Möglichkeit bestens informiert zu sein, wo sich der Team-Partner gerade befindet. Genauso muss sich nun aber auch der Daheim-gebliebene nicht mehr in Ungewissheit schwelgen, wenn der Partner wieder einmal allein auf Tour ist.

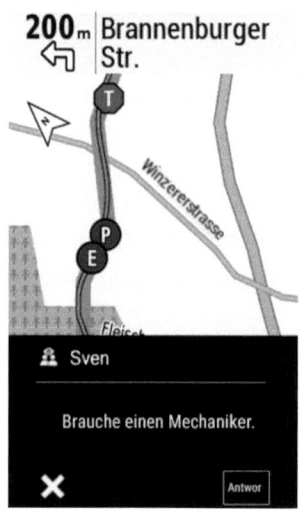

Garmin Geräte, welche die **GroupTrack/ Ride**-Funktion unterstützen (wie dieses Edge-Modell), zeigen die Position der Personen direkt im Karten-Display an, die ein solches Live-Tracking gestartet haben, mit Dir „befreundet" und/oder mit Dir in einer „Trainingsgruppe" und nicht weiter als 40 km von Dir entfernt sind.

**Abbildung 1-66** GroupTrack-Funktion

Fahrer zu Fahrer Nachrichten
Ohne erst nach dem Handy greifen zu müssen, kannst Du vordefinierte Nachrichten direkt von Deinem Edge an andere Radfahrer dieser GroupTrack/Ride-Sitzung senden (z.B. „Bin gleich da", „Brauche technische Hilfe" etc.)

Um sich mit Freunden oder sogar Trainingsgruppen zu verbinden, wählst Du am Handy in der Connect-Mobile-App im Menü „…Mehr" > „Verbindungen" oder „Gruppen" und gibst den Dir bekannten Namen ein. Tippe dann auf „Verbinden" oder „Beitreten". Alternativ kannst Du Dich natürlich auch am PC in Dein Garmin Connect-

Benutzerkonto einloggen und wählst dort in der linken Menüspalte "Verbindungen" oder „Gruppen". Sobald diese Person Deiner Anfrage zustimmt und ebenfalls das LiveTracking startet sowie nicht weiter als 40 km entfernt ist, kannst Du diese Personen an Deinem Edge sehen.

→ Um ein Live-Tracking und die GroupTrack/Ride-Funktion zu nutzen, benötigst Du also Dein Smartphone in unmittelbarer Nähe zu Deinem Edge. Das Gerät muss während der gesamten Aktivität mit Deinem Handy und der darauf installierten „Garmin Connect Mobile"-App kommunizieren können. ←

**Vorgehen:**

**1.** Wähle im Menü der Garmin Connect Mobile-App am Handy „Sicherheit und Tracking" > „LiveTrack". Auf der sich öffnenden Seite ist es sinnvoll den Aktivierungs-Button für „Strecke anzeigen" in die rechte – die aktivierte – Stellung zu bringen. Damit wird nicht nur Deine aktuelle Position, sondern auch die bereits zurückgelegte

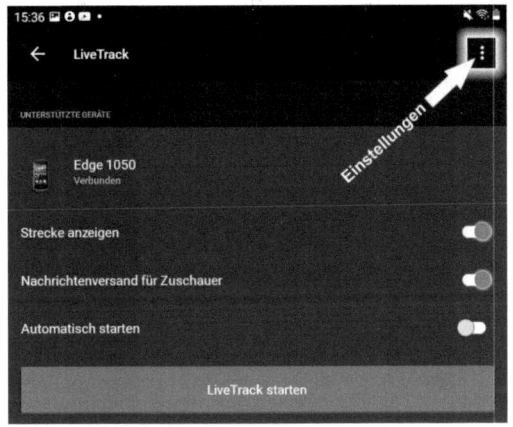

**Abbildung 1-67** Connect Mobile-App: Menü > Sicherheit und Tracking > LiveTrack

Strecke als Linie in der LiveTrack-Kartenansicht angezeigt.

Durch die Aktivierung „Nachrichtenversand für Zuschauer" können Dir Deine Beobachter SMS-Nachrichten senden, auf die Du mit Deinen vorgefertigten Textbausteinen antworten kannst.

Mit der Option „Automatisch starten" kannst Du festlegen, dass **generell immer**, sobald Du am Edge die I▶ Start-Taste drückst, sofort auch die Live-Track Funktion gestartet wird (immer wenn der Edge mit Deinem Handy verbunden ist).

**2.** Über den **⋮** Menü-Button im rechten oberen Eck > „Einstellungen" fügst Du nun Freunde und Bekannte per eMail-Adresse hinzu. Sinnvoll ist es auch den Schieberegler bei „Verfügbarkeit der Sitzung verlängern" zu aktivieren, damit Deine Aktivität nach Beendigung trotzdem weitere 24 Stunden in der LiveTrack-Darstellung angesehen werden kann.

**3.** Letztendlich kehrst Du auf die LiveTrack-Seite zurück und tippst hier auf den Button „<u>Live Track starten</u>" oder betätigst am Edge die ▶ Start-Taste, während Du Dich in Bewegung setzt.

Währenddessen erscheint in der SMS oder E-Mail Deiner zum LiveTracking „eingeladenen" Personen ein Link, der die Beobachter auf die Live Track-Seite von Garmin führt. Hier kann nun der Betrachter genauestens Deine Fortbewegung, Tempo, Entfernung, aktuelle Höhe, Aufstiegsmeter sowie bei Nutzung entsprechender Sensoren Herzschlag, Trittfrequenz etc. mitverfolgen:

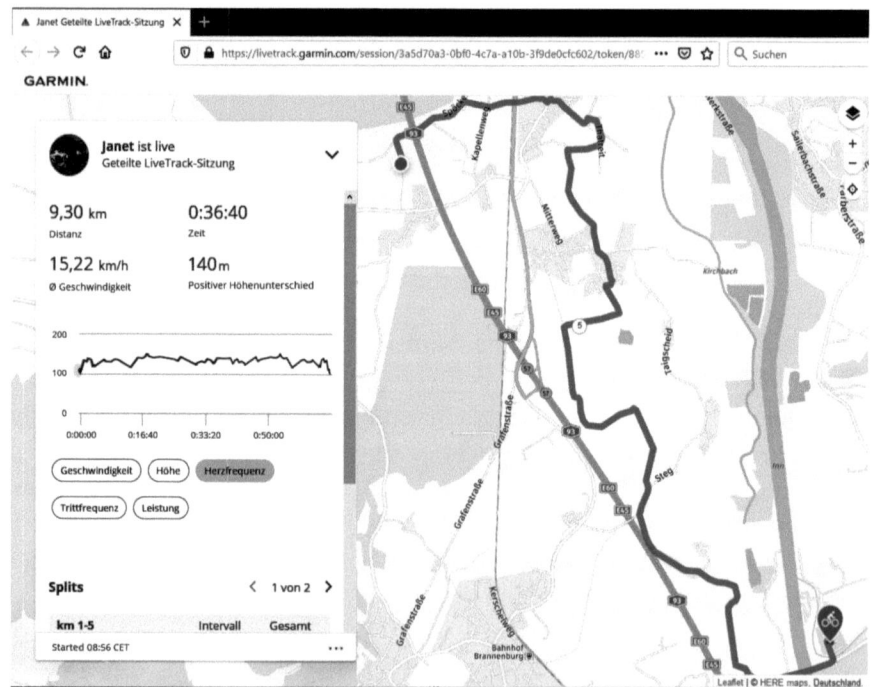

**Abbildung 1-68** Live Track Ansicht am PC/ Smartphone ähnlich

Sobald Du an Deinem Edge die ▌▶ Stopp-Taste betätigst und die Aufzeichnung beendest, „Speichern" oder „Verwerfen" wählst, wird die Live-Übertragung beendet. Mit „Speichern" wird die Aufzeichnung gleichzeitig im Protokoll-Ordner des Edge sowie in Deinem „Garmin Connect"-Konto abgelegt.

## Trainingstools

### Segmente verwenden

Diese Garmin Funktion bedeutet, dass auf bestimmten Steckenabschnitten Deine Fahrtzeit gemessen wird. Sobald Du solche „Segmente" aus Deinem Benutzerkonto „Garmin Connect" oder auch „Strava" (dem amerikanischen, sozialen Netzwerk zum internetbasierten Tracking von Radtouren und Laufeinheiten) an den Edge gesendet hast, sind diese sofort aktiv und melden sich, sobald Du (auch unbewusst) über dessen Startpunkt rollst.

➜Vorausgesetzt: Edge Profileinstellungen > „Segmente": Schalter aktiv. Hilfreich ist natürlich auch, dass die Segmente in der Karte sichtbar geschaltet sind: dazu auf der Datenseite „Karte" von unten nach oben wischen und die Überlagerung „Segmente" aktivieren ←

Nach Segmenten kannst Du in Deinem Connect-Benutzerkonto am PC oder in der „Garmin Connect Mobile"-App an Deinem Smartphone suchen. Wenn Du lieber die Dienste von Strava nutzen möchtest, kannst Du dort die Verbindung zu Deinem Garmin Connect-Konto herstellen, um somit beide Konten miteinander zu synchronisieren.

In Deinem Connect-Konto in den Details zu jeder Aufzeichnung werden alle Segmente erkannt und Deine Zielzeit angezeigt. Z.B. am Handy in der Connect Mobile-App: Menü „...Mehr" > Aktivitäten > z.B. Radfahren > eine beliebige Aufzeichnung wählen > unter der Karte „Segmente anzeigen" > das Segment antippen > „Ganze Bestenliste anzeigen" etc.

<u>Nach neuen Segmenten am Smartphone suchen:</u>

Um Segmente an den Edge zu senden, wählst Du z.B. in der Connect Mobile-App am Handy in der Menüliste „Training und Planung" > „Segmente" (1.Bild v.li.) und tippst auf der erscheinenden Seite mit der Segmente-Liste auf den kleinen ⌕-Button im oberen rechten Display-Eck. Es öffnet sich die Karte (2.Bild v.li.) mit den Start-Markierungen vorhandener Segmente. Wähle hier ein beliebiges Segment durch Antippen der Start-Markierung aus und tippe in der sich öffnenden Detailansicht auf „Liste" im oberen rechten Display-Eck, um später alle Segmente Deiner Liste gemeinsam an den Edge zu senden. Oder tippe den Segmentnamen an, um mit dem Geräte-Symbol im oberen rechten Eck der sich öffnenden Seite die sofortige Übertragung zu starten.

Durch die Aktivierung des Stern-Symbols (3.Bild v.li.) kannst Du Dir dieses Segment zu Deinen „Favoriten" hinzugefügt, wodurch es immer in der Segmente-Übersicht angezeigt wird.

**Abbildung 1-69** Segmente am Handy auswählen

<u>Segmente erstellen</u>
kannst Du nur in Deinem
Connect-Konto mittels PC-
Version oder Deinem „Strava"-
Konto. Sobald Du mit dem
Edge etwas aufgezeichnet hast
und dieses in Dein Connect-
Benutzerkonto übertragen
wurde, kannst Du in der linken
Menüspalte: Aktivitäten >„Alle
Aktivitäten" eine Aufzeichnung
auswählen und in dessen
Details, ganz unten auf die
Registerkarte „Segmente"
klicken.

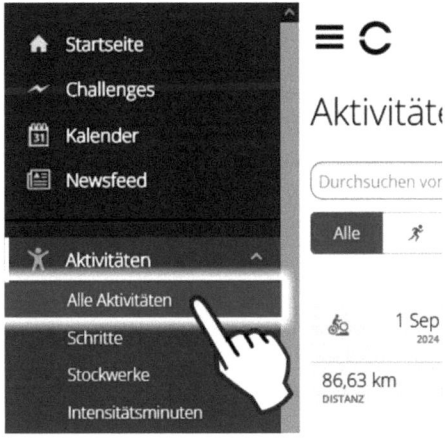

**Abbildung 1-70**
Eigene Segmente erstellen

**Abbildung 1-71** Beliebige Aktivität aufrufen > Registerkarte Segmente

Hier findest Du den Button „+Segment erstellen" (aktuell leider nur,
wenn Du in dieser Aufzeichnung ein beliebiges Segment befahren
hast, ansonsten wäre Strava die einzige Möglichkeit Segmente zu
erstellen). Es öffnet sich eine Karte mit der aufgezeichneten Strecke
und dem Höhenprofil. Zum Vergrößern oder Verkleinern der
Kartenansicht führst Du den Mauszeiger in die Karte und bewegst das
Scroll-Rädchen der PC-Maus. Mit gehaltener, linker Maustaste kannst
Du die Karte verschieben. Um Dein Segment festzulegen, kannst Du
entweder in der Karte oder in der Skala unter dem Höhenprofil den

Anfangs- oder Endpunkt anklicken und diesen mit gehaltener Maustaste an die von Dir gewünschte Stelle ziehen.

In dem Kasten rechts vergibst Du dem ganzen noch einen erkennbaren Namen, legst den Aktivitätstyp, Art des Segments (Anstieg, Sprint etc.) und den Oberflächentyp fest und wählst letztendlich „Speichern".

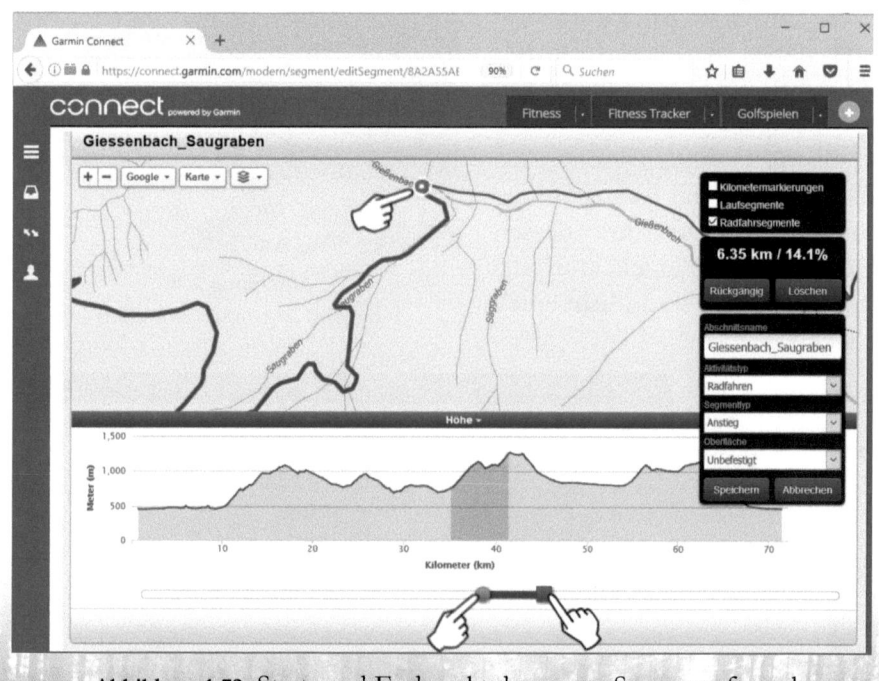

**Abbildung 1-72** Start- und Endpunkt des neuen Segments festzulegen

## Segmente im Edge

Segmente die zum Edge übertragen wurden sind grundsätzlich sofort aktiv und werden in der Karte mit einer grünen Linie angezeigt.

Du kannst die Anzeige von Segmenten in der Karte generell aus- oder einblenden, indem Du im Kartenbildschirm von unten nach oben wischst und in den Kartendetails den Schieberegler bei „Segmente" de-/aktivierst oder
hier in der Segmente-Liste **mehrere** oder jedes Segment **einzeln** deaktivierst: Tippe dazu auf der Startseite auf den Button „Training" und auf der sich öffnenden Seite auf „Segmente". Wähle das ⋮ Menü (oben rechts) >Aktivieren/Deaktivieren > „Mehrere bearbeiten".

**Abbildung 1-73** Bestimmte Segmente de-/aktivieren

Um ein Segment nun erst einmal am Edge in der Karte zu betrachten, tippst Du in der Liste der Segmente das Gewünschte an und wählst auf der sich öffnenden Detailseite „Karte". Der Startpunkt eines Segments wird mit einem grünen Kreis und der Endpunkt mit einem roten Viereck dargestellt. Egal ob Du nun ein Segment beabsichtigt oder unbeabsichtigt befährst, beginnt bei richtiger Fahrtrichtung am Startpunkt automatisch eine Zeitmessung und endet auch wieder automatisch an dessen Endpunkt bzw. bricht beim Verlassen des Segments ab. Es findet eine zusätzlich Zeitmessung statt, die keineswegs Deine normale Aufzeichnung beeinflusst.

Kurz vor dem und genau am Segment-Startpunkt bekommst Du deutliche Mitteilungen, dass ein Segment bevorsteht bzw. eben jetzt startet (Abb. unten, 1.u.2. Bild). Dazu erscheint in Deiner Datenseitenfolge nun die zusätzliche „Segment"-Seite. Hier blenden sich die Bestzeiten von Dir oder Anderen ein. Mit wem Du Dich dabei vergleichst, kannst Du mit ← → auswählen (3.Bild). Je nachdem ob Dich das Höhenprofil interessiert oder nicht, kannst Du dieses nach unten zuklappen oder weiter nach oben aufziehen.

**Abbildung 1-74**
Segment in der „Vorschau"-Karte ansehen

Beim Passieren des Zielpunktes erscheint eine deutliche, kurze Mitteilung mit Deiner Endzeit (5.Bild v.li.). Diese ist dann nach Abschluss der gesamten Aufzeichnung (▶ Stopp>„Speichern") im Protokoll > Touren > Tag wählen > „Segmente" nochmals aufgelistet und kann dort, aber auch in Deinem Connect-Benutzerkonto in Ruhe betrachtet werden.

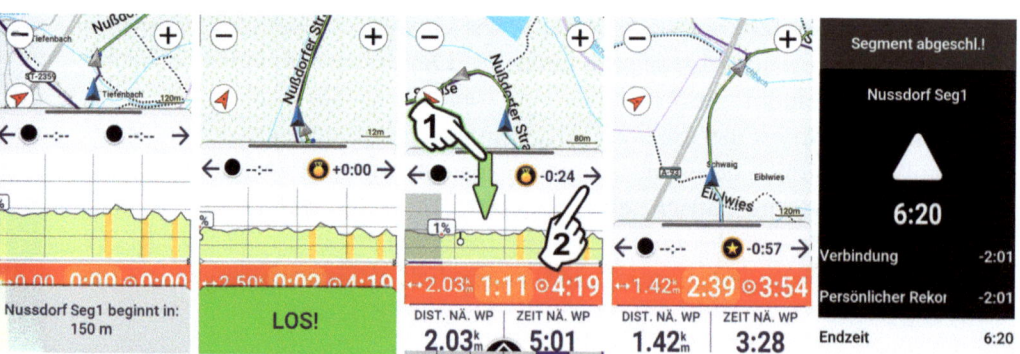

**Abbildung 1-75** Befahren eines Segments

## Virtueller Trainingspartner

Das ist ein ideales Trainingstool, um Dich zu Höchstleistungen anzuspornen. Sobald Du eine Strecke zum Abfahren aufrufst, die Geschwindigkeitsinformationen enthält, ist der „Virtual Partner" aktiv und stellt sich in der Karten-Ansicht mit einem hellen und etwas kleineren Positionsdreieck ❷ dar. Solch eine Strecke kannst Du aus Deinen eigenen Aufzeichnungen, die im „Protokoll"-Ordner liegen (siehe Kap.2/ „Navigation-Track/Strecke...") erzeugen.

Dabei kannst Du ❶ sogar auch von der vorgegebenen Strecke abweichen während der Virtual Partner ❷ weiterhin die Position zeigt, an der Du Dich bei der damaligen Aufzeichnung befunden hattest.

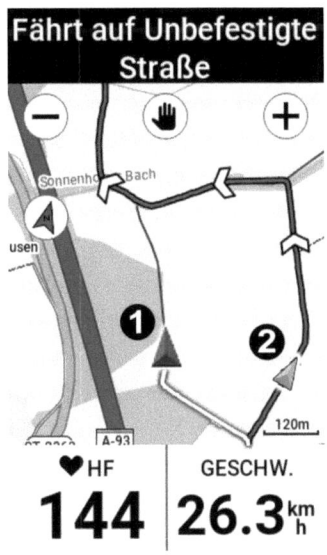

**Abbildung 1-76**  Virtual Partner trotz abgewichener Strecke

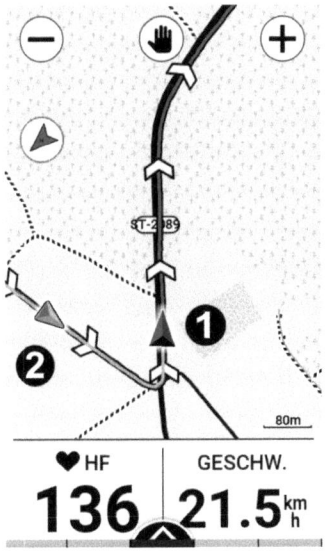

**Abbildung 1-77** Virtual Partner in Karte und auf der Höhenprofilseite sichtbar

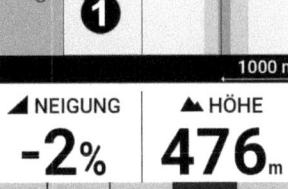

Sobald Du solch eine Strecke mit Geschwindigkeitsinformationen als Navigation mit „Los!" gestartet hast – Du also in der Karte das Positionsdreieck des Virtual Partners sehen kannst – kannst Du im Dropdown-Menü (von oben nach unten aufziehen und nach rechts zur „Steuerungen"-Seite blättern) die originale Vergleichsgeschwindigkeit „100%" des Virtual Partners ändern.

Wenn die „100%" zu sehen sind bedeutet das, dass der virtuelle Begleiter das absolut gleiche Tempo unter genau denselben Bedingungen darstellt wie damals, als die Strecke aufgezeichnet wurde. Langweilt Dich dieses Tempo oder ist es Dir zu schnell, kannst Du dies über den Plus- oder Minus-Button erhöhen oder verringern.

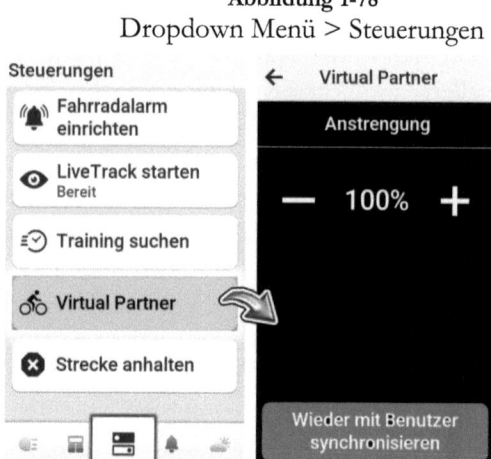

**Abbildung 1-78**
Dropdown Menü > Steuerungen

### Power Guide

Bei diesem Trainingstool steht nicht die Schnelligkeit, sondern die Qualität Deiner Leistung im Vordergrund. Dazu benötigst Du einen Leistungsmesser wie z.B. das Garmin „Rally" Pedalsystem an Deinem Bike.

Einen neuen Power Guide startest Du von der Startseite aus über den Button „Training" > „Power Guide". Hier erstellst Du über den **+** Button eine Strecke per Routenplaner oder wählst eine Deiner bereits aufgezeichneten Trainingsrunden, die Du dann mit den vorgegebenen Leistungswerten abfährst.

Optional dazu lässt sich ein Power Guide auch im Menü Deiner Strecken erstellen. Wähle auf der Edge Startseite „Navigation" > „Strecken", wähle eine Strecke und tippe in dessen Streckeneigenschaften auf den **⋮** Button. Wähle „Power Guide erstellen".

Abbildung
1-79
Datenseite
„Power
Guide"

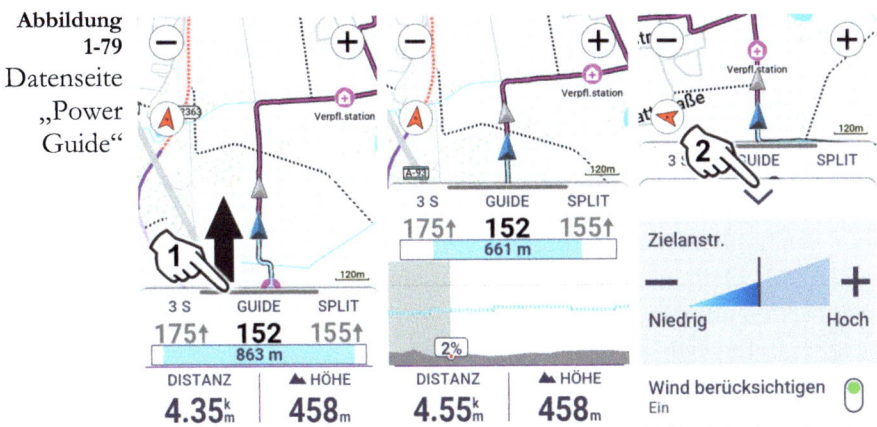

Eine erstellte Power Guide-Strecke startest Du entweder in der Power Guide-Liste (Startseite: Training > Power Guide) durch Antippen des Streckennamens und Bestätigen des „Los"-Button oder eben wieder über die „Navigation" > „Strecken", mit Power Guide erstellte Strecke antippen. Hier erscheint dann die Nachfrage, ob die Navigation mit oder ohne Power Guide gestartet werden soll.

Es blendet sich die zusätzliche „Power Guide"-Seite Deinen Datenseiten hinzu, die Dir in einzelnen Grafikfenstern die Strecke in der Karte, die Länge des jeweiligen Fahrabschnittes, das Höhenprofil und bis zu 6 beliebig einstellbare Datenfelder zeigt. Die Power Guide Grafik kannst Du durch ein Anfassen des Balkens (1) direkt über Deinen Leistungswerten größer aufziehen oder nach unten – kleiner – zusammenschieben, je nachdem wieviel Du von der Karte sehen möchtest. Ebenso bekommst Du auf dem jeweiligen Fahrabschnitt einen Leistungswert vorgeschlagen (z.B. 152 Watt). Dieser wurde anhand Deiner FTP (leistungsbezogenen anaeroben Schwelle), den Höhendaten der Strecke und voraussichtlicher Fahrtzeit sowie den Windverhältnissen errechnet (letzteres nur, wenn Dein Handy gekoppelt ist).

Über eine vertikale Wischbewegung vom ganz unteren Bildschirmrand nach oben kannst Du die Schwierigkeit auch noch während der Fahrt ändern (3.Bild v.li. (2)).

## Stamina

Die Stamina-Datenseite zeigt Deine Restenergie während Radfahraktivitäten an. Diese kannst Du Dir als ganze „Stamina"-Datenseite anzeigen lassen, aber auch als einzelne Stamina-Datenfelder auf Deinen selbst eingerichteten Datenseiten anordnen.

Trainierst Du schon immer nach Pulswerten und kennst daher Deine Belastungsbereiche, wann Dein Körper schnell ermüdet und wann er sich trotz weiterer Belastung erholt, werden Dich die hier gezeigten Auf- und Abwerte Deines aktuellen Stamina-Wertes nicht weiter überraschen. Für alle anderen ist es sicher eine gute Hilfe auf einen Blick sehen zu können, bei welcher Belastungsintensität der aktuelle Energie-/

**VRSL. DISTANZ**
**133ᵏₘ**

**STAMINA** **64%**   **GESAMT** **70%**

**VRSL. ZEIT**
**5:40**ₕᵣₛ

♥ **117**   ø **137** MAX **149**

**Abbildung 1-80**
Stamina-Trainingsseite

Stamina-Wert in den Keller rutscht und wann er wieder nach oben steigt – Du Dich also erholst. Für eine korrekte Berechnung benötigst Du einen Leistungsmesser an Deinem Bike, zeigt mit alleiniger Verwendung eines Pulsgurts aber auch schon eine gute Auswertung.

# Übertragung von Gerät zu Gerät – Garmin Share

Mit dem Menüpunkt „Garmin Share" lassen sich Strecken, Wegpunkte und Trainings zwischen Geräten auf denen Garmin Share installiert ist drahtlos austauschen.

Dazu müssen beide Geräte in einen näheren Abstand zueinander gebracht werden (weniger als 3 m). Derjenige der etwas von seinem Edge aus senden möchte, wählt auf der Startseite ☰ > Garmin Share > Teilen > wählt das/die Element/e und startet den Vorgang mit „… Elemente teilen" am unteren Bildrand.

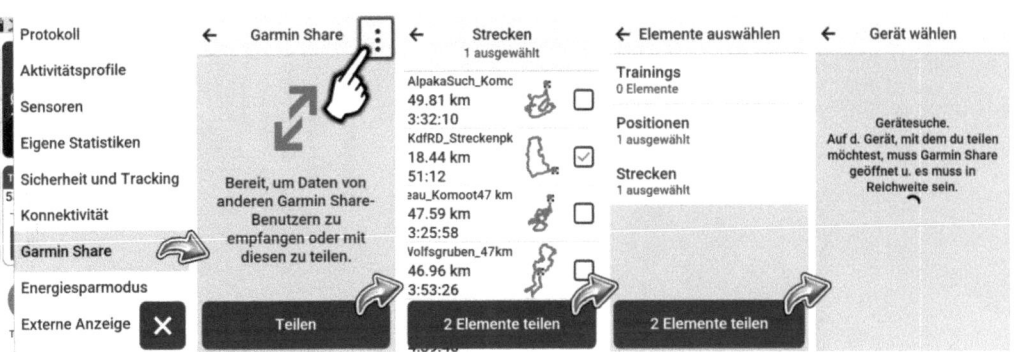

**Abbildung 1-81** Vom Edge GPS-Objekte zu einem anderen Edge senden

Der Empfänger öffnet an seinem GPS-Gerät ebenfalls „Garmin Share" und kontrolliert hier im z.B. Edge ⁝ Menü ob die Funktion auch „aktiviert" ist, wartet bis sich beide Geräte gefunden haben, wählt dann „Annehmen" und bestätigt den PIN, der in beiden Geräten übereinstimmen sollte. Sodann werden die Daten übertragen und der Vorgang mit Bestätigen von „Fertig" beendet.

# Kapitel 2 - Navigation

## Grundlagen

Bevor wir nun so richtig mit GPS-technischen Begriffen um uns werfen, solltest Du Folgendes wissen:

### Routen, Tracks und Strecken

Umgangssprachlich wird gern erst einmal alles als Route bezeichnet. Denn wer sagt schon „Wir nahmen den Track über die Alpen." Da heißt es doch immer „Wir nahmen die Route über die Alpen." Für das Verständnis mit dem GPS müssen wir hier nun aber eine klare Trennung schaffen.

Bei **Route**n handelt es sich um den automatisch berechneten Weg zum Ziel (auch Autorouting genannt). Also genau dasselbe wie man es vom Pkw-Navi kennt. Der Edge 1050 meldet eine Abbiegesituation mit einem Hinweiston bzw. Sprachansage, einer Textnachricht und der grafischen Darstellung am Display.

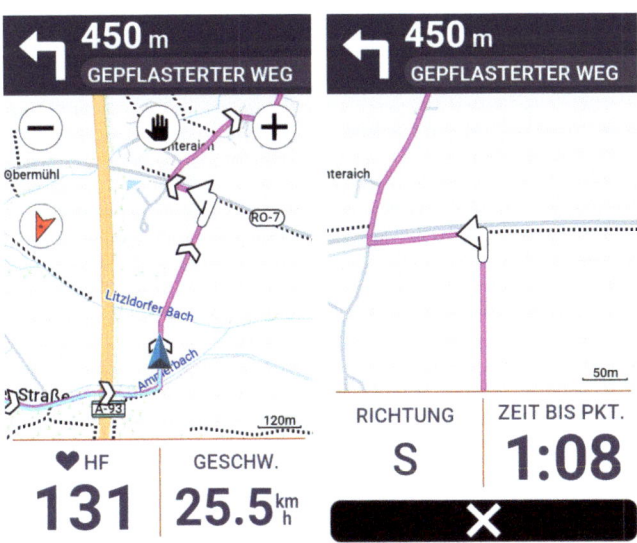

**Abbildung 2-1**
**links:** normale Kartenansicht

**rechts:** Auf anderen Daten- seiten automatisch erscheinender Abbiegehinweis mit verbleibender Distanz, Deiner aktuellen Fahrt- richtung und Zeit bis zur Abbiegung, (wenn Profileinst. > Navigation > Navigationsmel- dung „Karte")

Alle Zielpunkte, die im Edge ganz spontan im Menü „Navigation" auswählt werden und zu diesem die Navigation mit „Los!" gestartet wird, erzeugen eine Route. Mit einer Route arbeitet man, wenn man in erster Linie ein Ziel erreichen möchte, wobei der Weg dorthin zweitrangig ist.

Die Aufzeichnung der eigenen Bewegung hingegen nennt sich **Track**. Es ist die Linie, die ein GPS-Gerät durch die Fortbewegung automatisch Punkt für Punkt aufzeichnet. Diese Linie wird im Edge auf der Datenseite „Karte" im Auslieferungszustand türkisfarben dargestellt. Den „Navigationstext" (am oberen Rand) kann man hierbei getrost ausblenden (Profileinstell.: Navigation > Karte > Navigationstext: „Beim Navigieren" oder „Nie anzeigen").

Abbildung 2-2
Türkis = Eigene Tracklinie

Es sind also diese sagenumwobenen „Brotkrümelspuren", die man durch das Fallenlassen einzelner Brotkrümel als Wegmarkierung erzeugt hätte. Diese Brotkrümel stellen Punkte dar (Trackpunkte), welche automatisch miteinander verbunden werden und die Linie Deiner Fortbewegung ergeben. Also die Tracklinie, kurz: der Track. Diese Aufzeichnung kann vom Gerät nicht verändert werden und dient daher bestens als Orientierungslinie zum wiederholten Abfahren. Tracks lassen sich in einer geeigneten GPS-Software am PC manuell nachbearbeiten, um z.B. Verfahrwege herauszulöschen. Tracks müssen jedoch nicht unbedingt nur Aufzeichnungen von GPS-Geräten sein, sondern können auch am PC in einer GPS-Kartensoftware gezeichnet werden. Möchte man einen Track zur Navigation nutzen, muss man diesen vor Reiseantritt in das Gerät laden. Man kann einen Track also **nicht** vor Tourstart **im Gerät erzeugen**, um auf ausgewählten Wegen zum gewünschten Ziel zu gelangen.

Ein Track eignet sich besonders dann zur Navigation, wenn es sich um einen Tourenvorschlag handelt, wo man eben genaue Vorstellungen hat, welche Wege benutzt werden sollen, wobei also der Weg das Ziel ist (z.B. wie bei einer Transalp).

Als **Strecke/Kurs (Courses)** bezeichnet man die GPS-Aufzeichnung, die zusätzlich zu den aufgezeichneten GPS-Daten auch umfangreiche Trainingsinformationen, wie z.B. Geschwindigkeit, Zwischenzeiten, Puls, Trittfrequenz, Leistung etc. beinhalten kann. Diese Daten werden im Dateiformat „FIT" abgespeichert und können nach der Tour am PC mit speziellen Trainingsauswertungs-Tools wie der Garmin Connect Mobile-App oder deren Desktop-Version haarklein analysiert werden.

Eine Strecke kann entweder im Edge nach der Aufzeichnung zum erneuten Abfahren verwendet werden oder in Garmin Connect aus den dort vorhandenen Aktivitäten ausgewählt und zum Edge zurück gesandt werden.

➜ Routen, Tracks und Strecken sind also 3 total unterschiedliche GPS-Elemente. In der Garmin Kartensoftware „BaseCamp" am PC kann man Routen und Tracks gut voneinander unterscheiden (verschiedene vorangestellte Symbole vor dem Namen, Art des Linienverlaufes). Die Detailinformationen von Strecken kann man nur mit einer Trainingsauswertungs-Software analysieren. Öffnet man diese trotzdem in einer GPS-Karte, werden Strecken ebenfalls wie Tracks dargestellt.

Im Edge 1050 liegen gespeicherte Tracks und Strecken auf der Startseite: „Navigation" > „Strecken". Sendest Du Routen an den Edge, wirst Du diese ebenso im „Strecken"-Ordner wiederfinden. Denn im Edge1050 kann man diese 3 eigentlich ganz unterschiedlichen GPS-Elemente gleichwertig nutzen. ⬅

## Trackpunkte, Streckenpunkte, Wegpunkte und POIs

Die Punkte (die Brotkrumen) aus denen ein Track besteht, nennt man Trackpunkte. Diese werden vom GPS-Gerät automatisch gesetzt, sobald Du mit der ▮▶ START-Taste eine Aktivität mit GPS-Empfang startest. Wenn man einen Track am PC zeichnet, so sind es die Mausklicks, die diese Trackpunkte erzeugen, welche miteinander verbunden die Tracklinie - also den Track - bilden. Trackpunkten kann man **keine** Zusatzinformationen anhängen, wie z.B. Fotos, Hinweise, Symbole etc.

Streckenpunkte sind besondere trainingsspezifische Punkte, die man auf der Trainingsstrecke erstellen kann und nur bei der Navigation auf dieser Strecke aktiv werden. Ambitionierte Biker können sich so z.B. markieren, wo während eines Rennens Verpflegungspunkte sind oder Markierungen setzen, welche die Motivation steigern.

Mit Wegpunkten haben wir ja bereits schon ein wenig gearbeitet. Es sind besondere Positionen (im Edge „Favoriten" genannt), die man sich unterwegs im Edge abspeichern und bearbeiten kann.
Auch am PC kann man sich Wegpunkte erstellen und an den Edge senden. Das hat den Vorteil, dass man dieses Ziel im Edge schnell aufrufen und die automatische Navigation (das Routing) zu diesem Punkt starten kann. Man erspart sich auf alle Fälle das länger dauernde Suchen in den Navigationskategorien oder gar die buchstäbliche Eingabe einer Adresse. Wegpunkten kann man am PC umfangreiche Informationen anhängen, wie z.B. eine kurze Beschreibung, Weblinks, Fotos…etc., um diesen Punkt gut in Erinnerung zu behalten.

POI (Points of Interest) ist eine bestehende Sammlung solcher interessanten Wegpunkte, die der Befriedigung des täglichen Bedarfs dienen oder Anlaufstellen in dringenden Fällen sind. POIs sind in den Karten von Garmin enthalten und stehen auf der Startseite, in der Übersicht „Navigation" > „🔍 Suchbegriff eingeben" und in den darunter aufgelisteten „Kategorien" zur Verfügung.

<u>Zwischenziele</u> sind Bestandteile von Routen. Es sind die Punkte, die auf dem Weg zum Ziel angefahren werden sollen, weil man nicht den direkten Weg wünscht. Mit Zwischenzielen werden wir uns ein wenig später hier im Kapitel bei der Übung „Routenplaner" beschäftigen.

## Navigation – Track/Strecke: Eigene Wege zum Ziel

### Navigation anhand von eigenen Aufzeichnungen

**Aufgabe:** Nutze eine eigene Aufzeichnung zur Navigation.

Vorgehen Schritt 1 bis 5:

**1. a)** Tippe auf der Edge-Startseite den Button „Navigation" an und auf der sich öffnenden Seite das Kästchen „Strecken". Tippe dann auf den erscheinenden **+** Button (1.Bild v.li.) und wähle in der sich öffnenden Auswahl „Basierend auf Aktivität" (2.Bild). In dem sich daraufhin öffnenden Tourenspeicher (3.Bild) mit Deinen bisher aufgezeichneten Aktivitäten musst Du Dich nun an das Datum erinnern, an dem Du die Tour schon einmal gefahren bist. Wähle die entsprechende Zeile durch Antippen aus und bestätige mit „Speichern" (4.Bild).

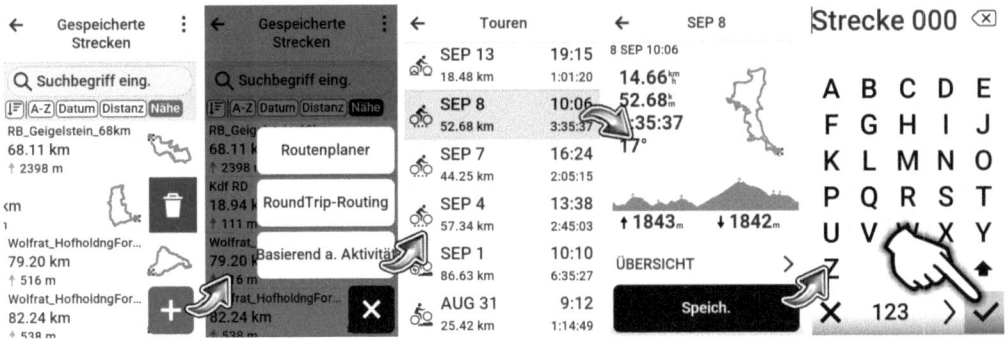

Abbildung 2-3

Im Edge1050 eine neue Strecke aus den bisherigen Aufzeichnung erstellen

Dadurch öffnet sich eine Seite, in der Du Deiner Strecke einen Namen geben kannst (5. Bild v.li.). Ansonsten wird die neue Strecke erst einmal mit „Strecke 000" betitelt. Durch Antippen des ✔ Button rechts unten entsteht aus dieser Aufzeichnung auch schon die neue Strecke und wird im „Gespeicherte Strecken"-Ordner abgelegt.

Kehre dann mit ← aus dem Tourenspeicher zurück und schließe das Auswahlmenü der Streckenerstellung mit ✕, um in den „Gespeicherten Strecken"-Ordner zurückzukehren. Hier sollte nun Deine neu erzeugte Strecke liegen.

**1. b)** Man kann jedoch auch GPS-Aufzeichnungen zum Nachfahren verwenden, ohne diese erst zu einer Strecke umzuwandeln. Wähle dazu auf der Startseite den Button „Training" > „Gegen Aktivität antreten" (links unten) und wähle die entsprechende Aufzeichnung aus Deinem „Tourenprotokoll". Erinnere Dich an das Datum, wann Du diese Strecke schon einmal gefahren bist, um diese Aufzeichnung dann mit „Los!" zu starten. Somit kannst Du Dich an den Fahrtzeiten von damals orientieren.

Das ist z.B. dann interessant, wenn man eine bestimmte Hausrunde hat, auf der man gut feststellen kann, inwieweit man sich verbessert/verschlechtert hat. So kann man immer die aktuell jüngste Aufzeichnung verwenden, um sich an den letzten Fahrtzeiten zu orientieren, ohne daraus erst eine Strecke zu erstellen.

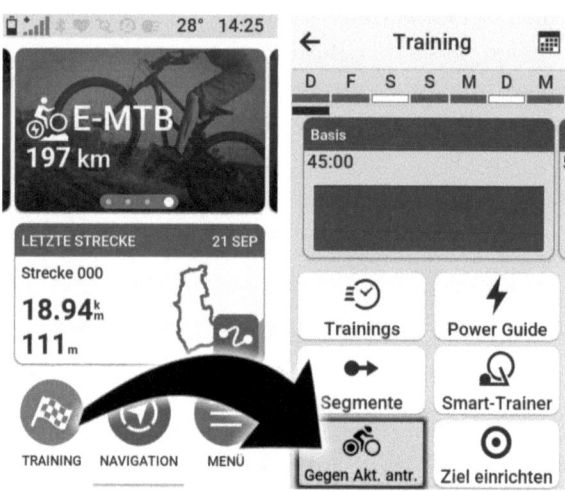

**Abbildung 2-4** Eine Strecke aus dem Protokollspeicher als Trainingsvergleich nutzen

## Strecken-Navigation mit oder ohne Abbiegehinweis

**2.** In der Liste Deiner gespeicherten Strecken findest Du im rechten oberen Display-Eck die Streckenoptionen ⋮

Diese Einstellungen gelten für alle Deine im Edge gespeicherten Strecken und werden solange beibehalten, bis Du sie selbst abänderst.

**Abbildung 2-5** Gespeicherte Strecken > ⋮ Menü > Abbiegehinweise: Ein

Mit der Option „**Abbiegehinweise: Ein**" kannst Du festlegen, dass Deine geplante Strecke wie eine Route funktioniert, Du also wie im Bild oben Abbiegehinweise und Sprachansagen erhältst

oder

mit „**Aus**" Deine geplante Strecke wie hier links im Bild gänzlich stillschweigend als hervorgehobene Magenta-farbene Linie mit schwarzem Rand und Richtungspfeilen angezeigt wird (dabei musst Du selbst darauf achten, dass Du Dich entlang der Linie bewegst).

**Abbildung 2-6** Strecke, Abbiegehinweise „Aus"

➜ Sobald Du jedoch die Abbiegehinweise mit „Ein" aktivierst, solltest Du kontrollieren was in den **„Routing"-Einstellungen** des jeweiligen Aktivitätsprofils eingestellt ist (Einstellungen: Aktivitätsprofil > Navigation > Routing > „Streckenneuberechnung").

Wie soll der Edge reagieren, wenn Du von der Strecke unbewusst oder bewusst abkommst, aufgrund einer Wegsperrung oder einem Abstecher zur Einkehr? Ich selbst finde es immer gut, dass **keine** Streckenneuberechnung stattfindet – also wähle ich „Auto Pause". Denn die Strecke möchte ich am Display einfach immer so sehen wie ich sie original aufgezeichnet oder in einer GPS-Software geplant hatte. Aber entscheide selbst, ob das auch für Dich so zutrifft oder Du vielleicht doch eher einen „Hinweis mit automatischer Umleitung" bevorzugst. ◄

Weitere Streckenoptionen (Abb. 2-5, linkes Bild):
- Als Warnung gegen unbeabsichtigtes Verlassen der Strecke kannst Du zusätzlich die „Streckenabweichungswarnungen" aktivieren. Damit meldet der Edge mittels Hinweiston und Text-/Sprachmitteilung, wenn Du Dich von der Strecke entfernt hast. Diese Meldung kann allerdings auch dann erscheinen, wenn die Abweichung Deiner aktuellen Position zur originalen Aufzeichnung aufgrund von schlechtem Satellitenempfang zu groß ist. Wenn Du mich fragst, ich selbst lasse diese Warnung gern „Aus".
- Mit der Auswahl „Löschen" kannst entweder alle oder mehrere Strecken im Edge auswählen und diese gleichzeitig entfernen. Ansonsten lässt sich ja auch jede Strecke einzeln löschen, indem Du im Streckenspeicher die entsprechende Zeile nach links schiebst und dann den 🗑 Mülleimer-Button antippst. Kehre dann mit ◄ aus dem Menü der Streckenoptionen zurück.

**Abbildung 2-7** Einzelne Strecken löschen

**3.** Tippe die Strecke, die Du nun abfahren möchtest, in der Liste Deines „Strecken"-Speichers an. Es öffnen sich die **Eigenschaften dieser Strecke** (1.Bild v.li.). Am unteren Bildrand findest Du bereits den farblich hervorleuchtenden „Los!"-Button. Diesen kannst Du nun antippen, um die Navigation auf dieser Strecke sofort zu starten.

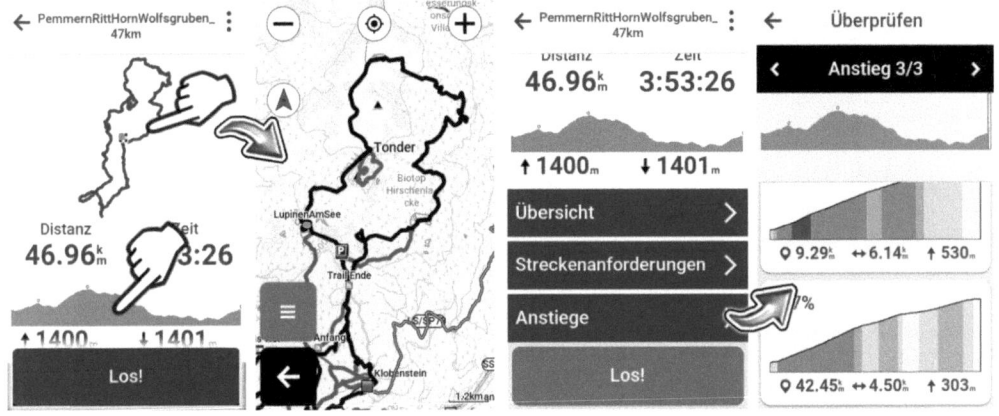

**Abbildung 2-8**   Die Streckeneigenschaften ansehen

Möchtest Du Dich hingegen etwas genauer über diese **Strecke** informieren, so kannst Du in den Streckeneigenschaften (1.Bild v.li.):

- direkt auf die Strecke tippen, um diese in der Karte anzusehen und dort auch hineinzuzoomen (2.Bild v.li.),
- direkt auf die Höhengrafik tippen, um das gesamte Höhenprofil anzusehen,
- in den „Streckenanforderungen" mehr zur Anstrengung erfahren (3.Bild v.li.) oder
- in der Rubrik „Anstiege" die bergauf zu fahrenden Abschnitte im Detail ansehen.

Über den ⋮ Menü-Button rechts oben in den Streckeneigenschaften findest Du die „**Einstellungen**" speziell zu dieser Strecke.

Neben der Möglichkeit, dass Du durch Antippen der obersten Zeile den Streckennamen „Umbenennen" kannst, hast Du mit dem Aktivieren der Einstellung „Immer anzeigen" die geniale Möglichkeit beliebig viele Strecken in der normalen Karte sichtbar zu schalten. Somit kannst Du neben der mit „Los!" zur Navigation aufgerufenen Strecke, welche ja Magenta-farben mit schwarzem Rand hervorgehoben wird, weitere optionale Strecken in verschiedenen Farben hinzuschalten. Diese Methode kann man z.B. dafür nutzen, wenn man

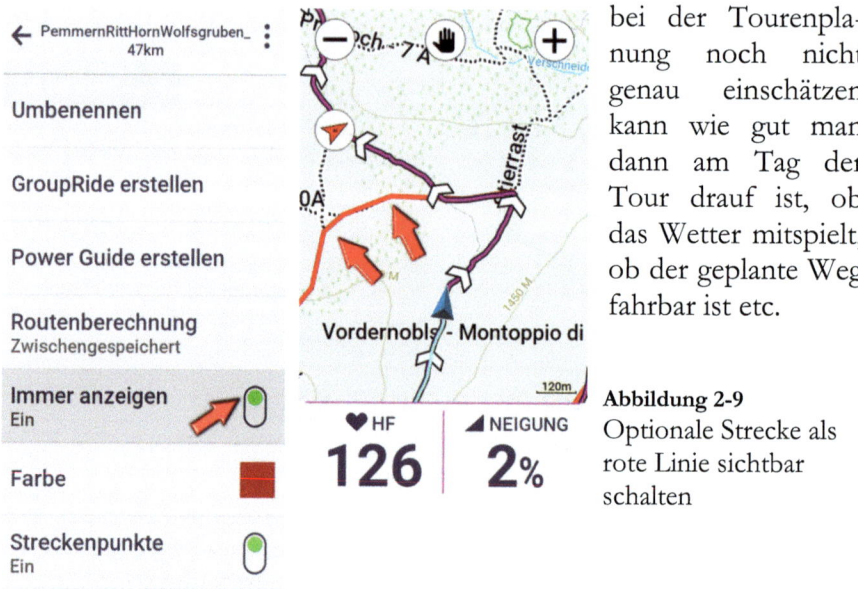

bei der Tourenplanung noch nicht genau einschätzen kann wie gut man dann am Tag der Tour drauf ist, ob das Wetter mitspielt, ob der geplante Weg fahrbar ist etc.

**Abbildung 2-9**
Optionale Strecke als rote Linie sichtbar schalten

So kann man sich eine Abkürzung, Verlängerung oder Umfahrung als Linie in einer beliebigen Farbe sichtbar schalten, die dann während der Fahrt an der entsprechenden Position im Kartenbildschirm zu sehen ist.

Die Funktion der „Streckenpunkte" lässt sich hier de-/aktivieren, für den Fall, dass eine Strecke solche zusätzlichen Elemente enthält.

Ebenso lässt sich hier diese Strecke als „GroupRide" freigeben, so dass andere Gruppenmitglieder Deine Position sehen und ihr gemeinsam wetteifern könnt (Handyverbindung notwendig).

Kehre dann mit dem ← Pfeil zu den Streckeneigenschaften zurück.

**4.** Starte die Navigation auf dieser Strecke mit dem hier angeordneten „**Los!**"-Button.

Hat der Edge erkannt, dass Du Dich in der Nähe des Startpunktes befindest, erscheint die Frage, ob Du die Tour jetzt starten möchtest. Bestätigst Du mit „ ✔ “ startet der Edge die Stopp-Uhr und damit Deine GPS-Aufzeichnung. Wählst Du hingegen “ ✖ “ – also nein –, ist die Streckennavigation zwar aktiv, aber Du musst beim Losfahren selbst die ▶ Start-Taste drücken, um Deine tatsächlichen Fahrdaten aufzuzeichnen.

Befindest Du Dich hingegen noch nicht am Startpunkt erscheint eine andere Frage, nämlich ob Du zum Startpunkt navigiert werden möchtest.

> ➔ Lies also die auftauchende Meldung in Ruhe und wähle mit Bedacht. Denn Viele machen hier Flüchtigkeitsfehler und sind dann entsetzlich genervt, weil der Edge die ganze Tour über versucht, Dich zum Startpunkt zu schicken. 🡐

Nur bei Strecken, die Du mit „Los!“ zur Navigation aufgerufen hast, kannst Du die folgenden Vorteile nutzen:

- auf der Datenfeldseite Werte zur Rest-Distanz, Ankunftszeit, Distanz zur nächsten Abbiegung etc. erfahren,
- auf der Höhenprofilseite die gesamt gefahrenen und die verbleibenden Anstiegswerte sowie die bereits überwundenen und bevorstehenden Höhenmeter in der Höhengrafik sehen.

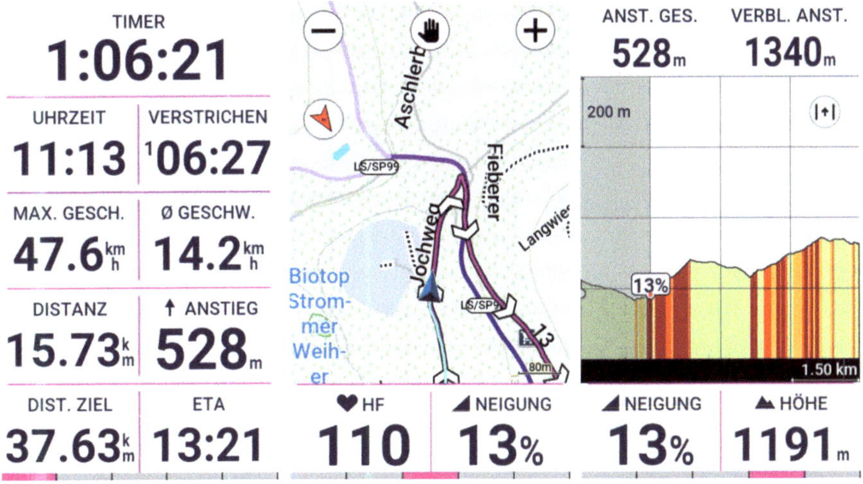


**Abbildung 2-10** Datenseiten während der Fahrt bei einer mit “Los!” gestarteten Stecke

### Navigation anhand eigener Planung oder Touren aus dem Netz

Mit den Touren aus dem Internet oder denen, die Du am Handy oder PC gezeichnet hast, verhält es genauso wie mit der Strecke die wir gerade aus einer eigens abgefahrenen Tour im Edge erstellt haben. Nur sendest Du eben jetzt Deine gewünschte Tour

- vom PC als GPX-, FIT- oder TCX-Datei in den Edge-Speicher („NewFiles"-Ordner, siehe Kap.3/"Daten per Arbeitsplatz-Explorer zum Edge senden") oder
- aus der Garmin Connect Mobile-App vom Handy oder einer anderen von Dir favorisierten App an den Edge

und befolgst dann wieder die Schritte 2 bis 4 der letzten Übung.
Edge Startseite: „Navigation" > „Strecken" > Tour antippen „Los!"

## Navigation - Route: Beliebig zum Ziel

➡ Anders als bei der Navigation auf einem vorgegebenen Track bzw. Strecke musst Du bei der automatischen Navigation zu einem Ziel-punkt immer daran denken:
Sobald Du im Edge ein Ziel auswählst und dieser entscheiden soll wie Du dorthin kommst, muss in den **Routing-Einstellungen** die Art Deiner Fortbewegung korrekt ausgewählt sein. Dazu kannst Du die Aktivitätsprofile nutzen, in denen Du Deine benötigten Routing-Einstellungen festlegst. So musst Du nicht ständig alles verstellen, sondern wählst einfach das entsprechende Profil, welches Du bereits für diese Bewegungsform vorbereitet hast. ⬅

Damit das Gerät oder vielmehr die Software des Gerätes eine Route zu dem gewählten Zielpunkt berechnen kann, benötigt es routingfähiges Kartenmaterial. Das ist im Edge 1050 mit der „Garmin CycleMap" bereits installiert. Die Wegberechnung ist also von den in der Karte erfassten Informationen (Straßen und Wege) abhängig. Sicher wirst Du Deinen Edge erst einmal in Deiner Gegend testen und mit der Navigation zufrieden sein oder nicht. Wenn nicht, liegt das definitiv nicht am Gerät, sondern entweder an den nicht korrekt gewählten

Routing-Einstellungen oder am Kartenmaterial. Dem Kartenmaterial widmen wir uns im Kapitel 3/"Kartentypen".

## Routing-Einstellungen

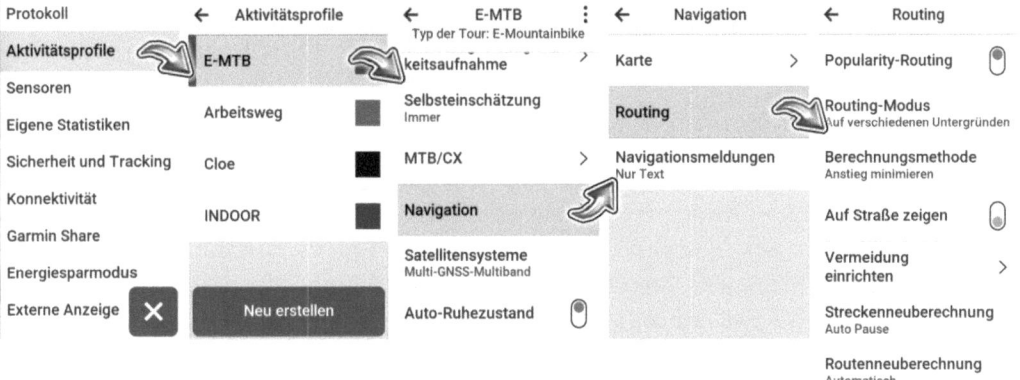

**Abbildung 2-11** Routing-Einstellungen festlegen

Rufe von der Startseite aus über ≡ > Aktivitätsprofile > das Entsprechende wählen > Navigation > die „**Routing**"-Optionen auf. Hier in den Routing-Optionen hast Du nun also die Möglichkeit, die Routenberechnung für das jeweilige Aktivitätsprofil auf das gewünschte Fahrverhalten abzustimmen durch:

- Das <u>Popularity-Routing</u>: „An" (Schalter oben und farbig), um die von der radfahrenden Mehrheit bevorzugten Straßen und Wege zu nutzen.

- Den <u>Routing-Modus</u>: Mountainbiken, Graveln, Trekkingradfahren „Auf versch. Untergründen", Motorrad, Pkw, zu Fuß oder per Luftlinie („Gerade Linie")

- Die <u>Berechnungsmethode</u>: die kürzere Strecke, die kürzere Zeit oder den geringsten Anstieg (also um den Berg herum oder drüber hinweg).

- <u>Auf Straße zeigen</u>: „Ein" fixiert den eigenen Positionspfeil und die Aufzeichnung auf der Straßenmitte. Im Gelände kann so aber auch die Trackaufzeichnung schnell einmal auf einen benachbarten Pfad springen. Wenn Du mich fragst? Ich behalte diese Einstellung immer gerne „Aus".

- <u>Vermeidung einrichten</u>: Hier ist unbedingt zu definieren, ob unbefestigte Straßen (also nicht geteerte Straßen/Forstwege) und schmale Wege (Wanderwege) von der Wegberechnung ausgeschlossen werden sollen, weil Du z.B. gerade Dein Rennradprofil einrichtest. Tippe die entsprechende Zeile an. Steht der farbige Schieberegler oben, wird diese Option ausgeschlossen.

- <u>Streckenneuberechnung</u>: Wenn Du eine Strecke aus Deinem „Strecken"-Ordner bzw. eine Aktivität aus Deinem „Protokoll"-Speicher zur Navigation verwendest und Du Dich dann von der vorgeschlagenen Strecke entfernst, wird mit der Einstellung „Hinweis mit automatischer Umleitung" der Tourverlauf neu berechnet. Mit „Auto Pause" bleibt der Tourverlauf im ursprünglichen Zustand. Mit „Nur Hinweis" hast Du die Möglichkeit dann vor Ort zu entscheiden.

- <u>Routenneuberechnung</u>: Ähnlich dem vorigen Punkt, gilt diese Option nun allerdings nur für die Routen – also alles, wo Du im Edge nur ein Ziel auswählst bzw. den Routenplaner verwendest. Sobald Du Dich von der vorgeschlagenen Route entfernst wird mit der Einstellung „Automatisch" die Route sofort neu berechnet. Mit „Aus" bleibt die Route im ursprünglichen Zustand. Mit „Auswahl" hast Du die Möglichkeit dann vor Ort zu entscheiden, ob die Route so belassen oder neu berechnet werden soll.

Kehre dann durch **Berühren und Halten** des ← Pfeils wieder auf die Startseite zurück, um nun das Ziel für Deine Unternehmung zu wählen.

## Zieleingabe

Im Navigationsmenü können Zielpunkte oder Strecken ausgewählt und die Navigation zu oder auf diesen gestartet werden kann.

Über die Menüzeile „**Kategorien**" findest Du alle Wegpunkte die als POI-Sammlung vorliegen bzw. im Kartenmaterial enthalten sind.

In den „**Favoriten**" liegen Deine im Edge erzeugten oder die von Dir in den Edge gesendeten Wegpunkte.

## Standort für die Zielsuche

Der Edge beginnt jegliche Suche nach einem Zielobjekt zuerst einmal immer <u>von der aktuellen Position</u> aus. Wählst Du z.B. auf der Startseite „Navigation" > Kategorien > Unterkunft > Alle Unterkünfte, so werden die Ergebnisse von Deiner aktuellen Position aus nach Entfernung aufgelistet. Nun kannst Du das gewünschte Objekt durch Antippen aufrufen.

Befindet sich die gesuchte Unterkunft etwas weiter weg und ist dessen Name bekannt, ist man schneller, wenn man gleich auf der ersten Seite im Navigationsmenü die Zeile „🔍 Suchbegriff eing." verwendet oder die „Positionssuche" in den Übersichten nutzt (auf der Startseite von unten nach oben aufziehen / falls nicht vorhanden, siehe „Übersichten" Seite 20).

Aber man kann den Edge auch <u>von einer x-beliebigen Position</u> aus suchen lassen. Zum Beispiel: Wir befinden uns auf der Bike-Tour während sich so langsam ein Hungergefühl heranschleicht. Wir schätzen, bis zum Gipfel in etwa 10 km schaffen wir es noch. Doch dort sollten wir dann unsere Energiereserven wieder auffüllen.

So tippst Du im Fahrtmodus auf das Display, so dass sich die Schnellzugriffs-Leiste mit dem 🏠 Button zeigt, den Du auch antippst, um aus dem Datenseiten-Modus zur Startseite zu gelangen.

Wähle auf der Startseite: „Navigation" und auf der erscheinenden Seite (Abb.2-12, 2.Bild v.li.) **sofort** den ⋮ Menü-Button im oberen, rechten Display-Eck. Tippe in dem sich daraufhin öffnenden die Optionsmenü auf „Suche bei:". Bestimme nun um welchen Punkt herum Du suchen möchtest. In unserem Beispiel kann das also eine „Gespeicherte Position" sein (weil Du Dir am Berggipfel einen Wegpunkt erstellt hattest) oder auch gern ein in der Karte selbst wählbarer „Kartenpunkt". Denn damit öffnet sich die Karte, die Du sofort am Display so verschieben kannst, dass Du den Gipfel aufspüren und mit dem erscheinenden, kleinen türkisen Markierungspunkt anvisieren kannst. Wähle dann „OK" (4.Bild v.li.).

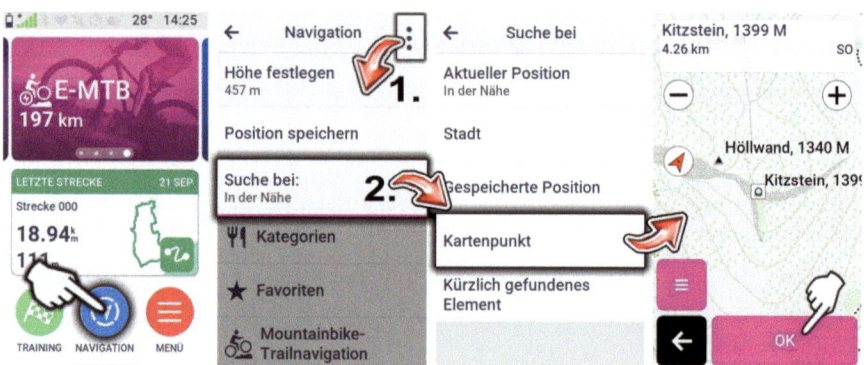

**Abbildung 2-12**  Edge1050: Eine Suche von x-beliebiger Position aus starten

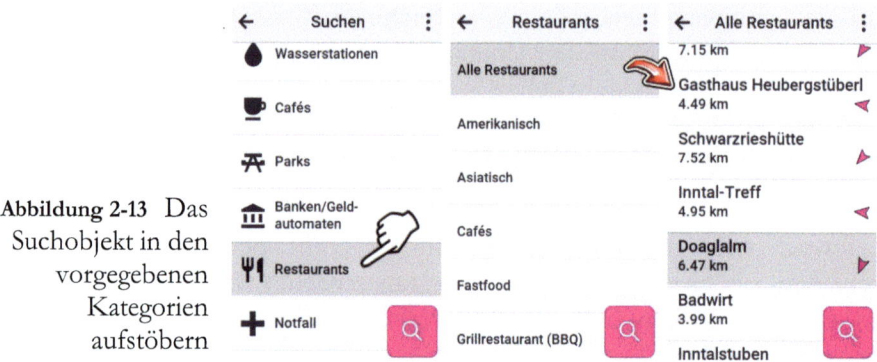

**Abbildung 2-13** Das Suchobjekt in den vorgegebenen Kategorien aufstöbern

Daraufhin öffnen sich wieder die Navigationskategorien (untere Bildreihe, 1.Bild v.li.), in denen wir nun die Kategorie wählen, nach der wir von diesem simulierten Standort aus suchen. Wähle für unser Beispiel „Restaurants" > „Alle Restaurants".

Und: Hurra!!! Wir bekommen endlich angezeigt, wo es in Gipfelnähe etwas Essbares geben könnte.

→ Verwendest Du nun den am unteren Kartenrand erschienenen „Los!"-Button, wird ein evtl. bereits gestartetes Routing abgebrochen und Du wirst nun von Deiner aktuellen Position aus zu diesem neu gewählten Ziel gelotst. Möchtest Du das nicht, kannst Du am oben Bildrand auf den Namen des gefundenen Ortes tippen und Dir diesen Wegpunkt auf der sich öffnenden Seite über den ⋮ Menü-Button rechts oben abspeichern. Diesen Punkt siehst Du dann deutlich in der Karte und findest ihn auch in der Navigationskategorie „Favoriten" wieder.

So kannst Du später selbst entscheiden, wann Du von Deiner geplanten Tour zu dieser Einkehr abbiegst. ←

**Abbildung 2-14** Einen POI suchen / abspeichern

## Navigationsstart

Hast Du eine Navigation zu einem Zielpunkt mit „Los!" gestartet (und die ▌▶ Start-Taste zum Aufzeichnen Deiner tatsächlichen Bewegung gedrückt), folgst Du nun einfach der Magenta-farbigen Routenlinie und den Anweisungen am oberen Bildschirmrand der Karte. Durch Antippen dieses Navigationstextes kannst Du Dir des Weiteren auch die Liste aller <u>bevorstehenden Abbiegungen</u> anzeigen lassen, diese einzeln aufrufen und Dich über dessen Abbiegesituation vorinformieren.

Bei solch einem Routing ist es ganz egal welche Datenseite Du während der Fahrt vor Augen hast. Der Abbiegehinweis blendet sich immer automatisch auf jeder Seite als Karte oder Textnachricht ein, sobald Du Dich einer Abbiegung näherst (einstellbar: Profileinstellg. > Navigation > Navigationsmeldung: „Nur Text" oder „Karte").

**Abbildung 2-15**    1./2.Bild v.li. Abbiegevorschau-Liste aufrufen

**Nach der zu navigierenden Tour,** falls das Ziel nicht automatisch erkannt oder gar nicht erreicht wurde, stoppst Du die Navigation durch Antippen des Displays und Antippen der auftauchenden Option „<u>Navigation anhalten</u>". Spätestens jedoch durch Drücken der ▌▶ Stopp-Taste und Abspeichern Deiner Aufzeichnung wird die Navigation ebenfalls beendet.

# Übungen

## Ziele in der Karte suchen, speichern und Navigation starten

Nun gibt es auch Ziele, von denen man jedoch weder Namen noch Adresse kennt. Jedoch anhand der Karte könnte man sich erinnern, wo es sein könnte. Dann kann man die ganz normale Kartenansicht verwenden, um den Punkt folgendermaßen aufzustöbern:

Öffne die Datenseite „Karte" (über das große, farbige Feld mit dem Aktivitätsprofil auf der Startseite, blättere dann zur Kartenseite). Tippe in der Kartenansicht das ♥ -Symbol am oberen Kartenrand an. Damit gelangst Du in den Kartenmodus, in dem Du die Kartenansicht verschieben kannst. Durch ein weiteres Antippen des Displays erscheint ein kleiner Türkis-farbiger Markierungspunkt, den Du nun über die Position schiebst, die Du als Ziel verwenden möchtest.

Nutze den ▬ Button, um die Kartenansicht im kleinen Maßstab schneller an eine weit entfernte Position zu verschieben und zoome dann mit dem ✚ Button dort wieder in die Kartenansicht hinein, um Deine Markierung perfekt positionieren zu können.

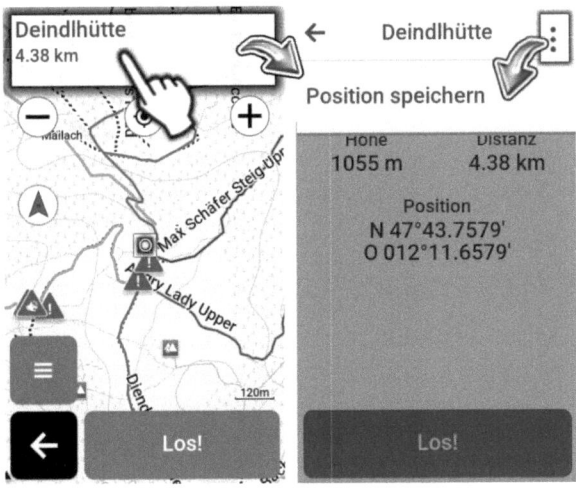

**Abbildung 2-16** Ziel in der Karte wählen

Anschließend tippst Du auf die am oberen Kartenrand erschienene Informations-Zeile zu diesem Punkt. In den sich dann öffnenden Wegpunkteigenschaften kannst Du nun mit „Los!" sofort die Navigation dorthin starten oder über das ⋮ Menü im oberen rechten Display-Eck diese aufgestöberte „Position speichern". Um diesen

Punkt dann später zur Navigation aufzurufen, wählst Du auf der Edge Startseite „Navigation" > Favoriten.

### Suchen - POIs

Diese Navigationskategorie ermöglicht das Suchen in den „POI"-Kategorien (Points of Interest), die entweder Inhalt des mitgelieferten Kartenmaterials sind (wie z.B.Städte, Adressen, Kreuzungen, Koordinaten) oder als Sammlung von interessanten Punkten hinzugefügt wurden.

**Aufgabe**: Suche also nach der nächsten Übernachtungsmöglichkeit in der Umgebung!

Vorgehen: 🏠 Startseite > Navigation > Kategorien > Unterkunft > „Alle Unterkünfte" oder „Hotels & Motels".

**Abbildung 2-17**
Eine Unterkunft suchen

Bist Du Dir einmal nicht sicher, zu welcher Kategorie Dein Suchobjekt gehören könnte, verwende auf der ersten Seite der Navigationskategorien die „Suchbegriff eingeben"-Zeile und tippe den gesuchten Namen oder zumindest einen Teil davon ein.

Genauso kannst Du natürlich auch die „Positionssuche" in den Übersichten der Startseite verwenden, um dort gleich den Namen einzutippen (falls nicht vorhanden, siehe in Kap.1/„Die Startseite" > Übersichten anordnen).

## Suchen - Koordinaten

**Aufgabe**: Du hast bei einer Wegbeschreibung im Internet die Koordinaten zu einer Adresse gefunden. Starte bitte die Navigation zu diesem Ziel:   N 47°44.511'  E 12°08.313'

Vorgehen:

🏠 Startseite  >  Navigation  >  Kategorien  >  Suchfunktionen  > Koordinaten.

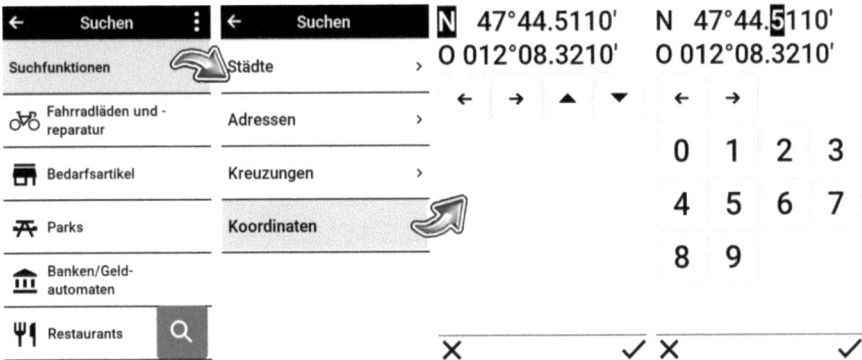

**Abbildung 2-18**   Zieleingabe per Koordinaten

Mit den nach rechts und links deutenden Pfeilen kannst Du in der bereits eingetragenen Zahlenreihe entlangspringen und an der entsprechenden Stelle die Zahl abändern (3./4.Bild v.li.). Die Angabe, ob sich die Koordinate auf der Nord-, Süd-, Ost- oder West-Hälfte unserer

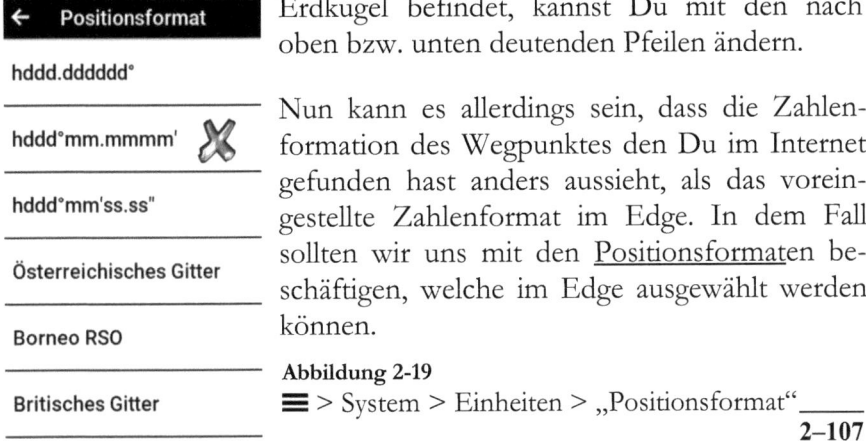

Erdkugel befindet, kannst Du mit den nach oben bzw. unten deutenden Pfeilen ändern.

Nun kann es allerdings sein, dass die Zahlenformation des Wegpunktes den Du im Internet gefunden hast anders aussieht, als das voreingestellte Zahlenformat im Edge. In dem Fall sollten wir uns mit den Positionsformaten beschäftigen, welche im Edge ausgewählt werden können.

**Abbildung 2-19**
☰ > System > Einheiten > „Positionsformat"_____

## Koordinatensystem

Um einen bestimmten Punkt auf der Erde benennen zu können, benötigt man ein System, welches die exakte Entfernung in Breite- und Länge zu einem bestimmten Punkt angibt. Dafür wurde ein Netz über die Erde gelegt (das Koordinatengitter), wobei der Äquator mit 0° der Ausgangspunkt für die Zählung in nördlicher und südlicher Breite und der durch den Londoner Stadtteil „Greenwich" verlaufende Meridian den Nullwert und die Bezeichnung „Nullmeridian" für die Zählung in westlicher und östlicher Länge erhält. Dadurch kann nun also der winzigste Punkt auf der Erde exakt numerisch bezeichnet, also mit Koordinaten betitelt werden.

Jedoch existieren hierfür eine Vielzahl nationaler Netze/Gitter, wie z.B. das deutsche Gauß-Krüger-Gitter mit dem Kartenbezugssystem „Potsdam" und dem Ellipsoid „Bessel1841", das österreichische Gitter mit dem Bezugssystem „Austria" und „Bessel1841", das schwedische Gitter mit „RT90" und viele mehr.

Damit eine weltweite Verständigung möglich ist, arbeiten Rettungsdienste, Polizei, Feuerwehr, Katastrophenschutz etc. sowie die Vermessung selbst mit dem UTM-Koordinatengitter mit dem geodätischen Datum und Bezugspunkt WGS84.

WGS84 (World Geodetic Systems 1984) ist die geodätische Grundlage des GPS-Systems, der Vermessung der Erde und ihrer Objekte mit den US-amerikanischen NAVSTAR-Satelliten.
Für die GPS-Navigation wird das Kartenbezugssystem WGS84 und der Kartensphäroid (Ellipsoid) WGS84 verwendet.

Das UTM-Koordinatensystem (Universal Transverse Mercator) wurde 1947 von den Streitkräften der Vereinigten Staaten entwickelt. Im Rahmen der Internationalisierung verdrängt es immer mehr die einzelnen nationalen Koordinatensysteme.

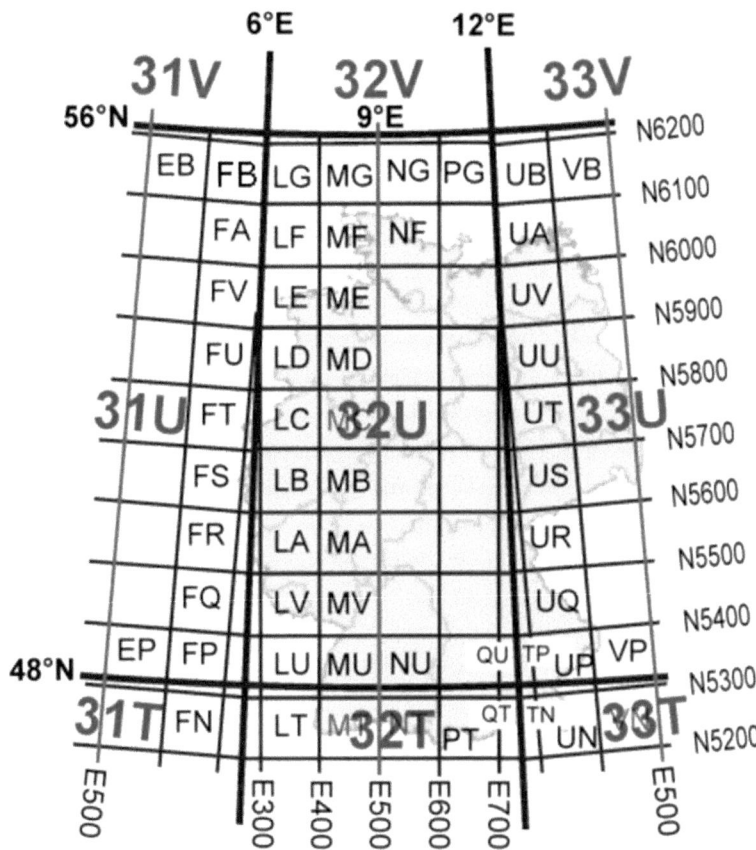

**Abbildung 2-20** Quelle: WIKIPEDIA UTM-Zonenfelder, Bsp. Deutschland

Bei der Darstellung der Koordinaten im UTM-Format ist die Benennung planquadratorientiert, z.B. **33 T 0285494, 5291575**.

Diese wird in Metern ausgedrückt. Dieses Format beginnt immer mit einer ein- oder zweistelligen Zahl und dahinter einem Buchstaben, der die UTM-Zone repräsentiert.

Die danach folgende obere bzw. erste Zahlenreihe gibt die Messung für die West-Ost Position innerhalb dieses Zonenfeldes in Metern an. Dieser Wert wird also „Rechtswert" genannt (engl."Easting").

Die untere bzw. zweite Zahlenreihe gibt die Messung für die Süd-Nord Position ausgehend vom Äquator in Metern an. Dieses ist der Hochwert (engl."Northing). Um auf der Südhälfte keine negativen Positionsangaben zu erhalten, wird dem Äquator der Wert 10 000 000 Meter zugewiesen, d.h. 1m südlich vom Äquator würde der Hochwert „9.999.999" lauten.

➢ Merke zur Anordnung der 2 Zahlenreihen im UTM-Format:
   „Ran an den Baum, hoch auf den Baum"

Beispiel **Positionsformat UTM**:

Edge 🏠 Startseite: ☰ > System > Einheiten > Positionsformat: „UTM UPS" (UPS für das in der Region der Erdpole verwendete System), das vorletzte, unten in der Liste. Das Kartenbezugssystem „WGS84" mit dem Kartensphäroid „WGS84" ist im Edge fest eingestellt, man kann lediglich das Positionsformat ändern.

Der Wegpunkt Red Bike, 83131 Nußdorf a.Inn, mit den Koordinaten
33 T 0285494
        5291575
befindet sich im Zonenfeld 33T, 285,494 km in östlicher Richtung und 5.291,575 km nördlich vom Äquator. Die Position kann also mit einer Genauigkeit auf 1m beschrieben werden.

**Positionsformat in Grad** (auch Breite „Latitude" und
                        Länge „Longitude" = <u>LAT/LON</u> genannt):

Edge 🏠 Startseite: ☰ > System > Einheiten > Positionsformat: „hddd.mm.mmm' " (Grad und Dezimalminuten).

Die Wegpunktkoordinaten für Red Bike in Nußdorf a. Inn lauten nun
N 47°44.5110'
E 12°08.3130'

Als Darstellungsformat der Koordinaten, können auch diese angewählt werden:     hddd°mm'ss.s" = Grad Minuten Sekunden oder
                 hddd.ddddd°  =  nur Grad

Das Format der Darstellung, ob in Metern oder Grad, liegt im Ermessen eines jeden selbst. Ausschlaggebend ist wohl meist die Verwendung von Wegpunkten mit verschiedenen GPS-Programmen am Computer oder die Übernahme von Wegpunkten aus Reisebeschreibungen bzw. Papierkarten. Im World Wide Web wird man meistens das Grad-Format antreffen, da man anhand der Gradangabe schon mal gut abschätzen kann, wo sich dieser Punkt auf der Erdkugel befindet.

➡ Als Nutzer eines Fahrrad-Navis, bei dem man das Kartenbezugssystem nicht umstellen muss/kann, sollte man diese Möglichkeit allerdings nie vergessen, sobald man am PC in einer Kartensoftware arbeitet. Denn dort sind meist alle Optionen frei wählbar.
Sobald in den Einstellungen das Kartenbezugssystem/-datum und der Kartensphäroid WGS84 eingestellt sind, verläuft die GPS-Navigation mit Garmin-Karten korrekt. Hingegen zur Abgleichung mit Papierkarten und einem darin verwendeten, anderen Kartenbezugssystem und -sphäroid muss dies natürlich in der PC-Software in den Einstellungen abgeändert werden, um einen Punkt aus der Papierkarte in die elektronische Karte übernehmen zu können.⬅

## RoundTrip Routing: Rundkurs – Funktion

Das ist eine tolle Funktion, um aufs Geratewohl loszubiken und sich dabei schöne Rundtouren zeigen zu lassen. Mit der installierten GarminCycleMap findet der Edge 1050 wirklich schöne Touren, auch wenn man in der Gegend ortskundig ist. Vor allem mit dem Routing-Modus „Mountainbike" bekommt man zum Teil auch kleine, aber noch fahrbare Wege gezeigt, die man selbst letztendlich nie ausprobiert hätte.

**Aufgabe:**

Du suchst also diesmal nicht nach einem Ziel in der Ferne, sondern möchtest mit dem Mountainbike einfach nur eine lockere Runde drehen. Lass Dir vom Edge einem Rundkurs mit z.B. 25 km vorschlagen, der allerdings soweit es geht im Flachen verläuft. Unterwegs triffst Du auf einen Bekannten, mit dem Du ein Stück mitfahren möchtest. Danach trennen sich Eure Wege wieder und Du möchtest Deine Rundtour fortsetzen.

Vorgehen:

1. Auf der Startseite das richtige Aktivitätsprofil wählen, dann Status-seite aufziehen > „Prof.bearb." Profileinstellungen wählen > Navigation > Routing > Routing-Modus: "Mountainbiken"/
Berechnungsmethode: „Anstieg minimieren",
Auf Straße zeigen: Nach Belieben,
Vermeidung einrichten: Wichtige Autobahnen (Schieberegler „An"),
Streckenneuberechnung: „Automatisch"

2. 🏠 Startseite: Navigation > Strecken > ➕ > RoundTrip-Routing,
„Distanz"-Zeile antippen und Wert d. Entfernung festlegen: 25 km,
als „Startort" die „Aktuelle Position" belassen oder durch Antippen dieser Menü-Zeile den Startort in der Karte wählen,
Startrichtung festlegen, um eigene Interessen genauer zu definieren,
„Suchen" starten oder mit ⟲ im oberen rechten Display-Eck eine erneute Suche auslösen.

**Abbildung 2-21**
Einen Rundkurs mit der RoundTrip Routing-Funktion vorschlagen lassen

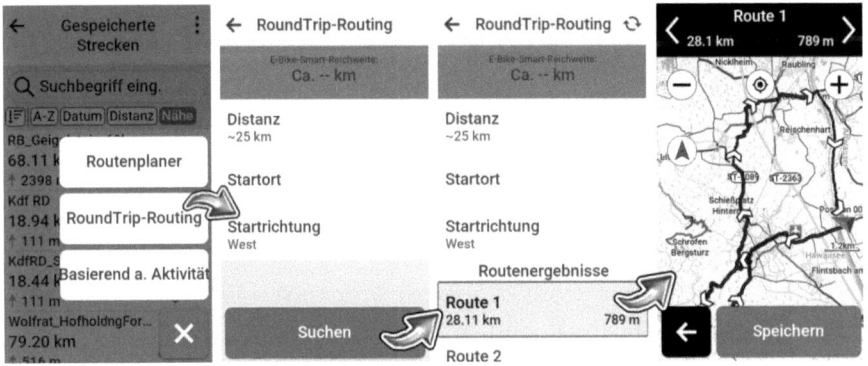

Es werden 3 Routenvorschläge aufgelistet. Jede wird mit Gesamt-kilometern und -anstiegsmetern angezeigt. Tippe einen der Routen-vorschläge an. Somit kannst Du diesen in der Kartenvorschau betrach-ten (4.Bild v.li.). Verwende den Plus- oder Minus-Button, um die Tour optimal sehen zu können. Nähere Details zur Höhe wie auch das Höhenprofil ansehen oder auch das Abfahren ist erst möglich, wenn Du den Routenvorschlag im Edge speicherst. Tippe dazu auf „Speichern". In den dann erscheinenden Streckeneigenschaften kannst Du auf die Höhenprofil-Grafik tippen und in dessen Detailansicht kontrollieren, ob die Tour wirklich relativ flach bleibt.

Gefällt Dir der Vorschlag nicht, so lösche die Strecke im Strecken-Ordner gleich wieder durch ein nach links schieben dieser Zeile und 🗑 antippen.
Ansonsten startest Du die gewünschte Tour wie gewohnt über den „Los!"-Button am unteren Bildrand.

**Abbildung 2-22** Strecke löschen

Folge nun der vorgeschlagenen Strecke. Triffst Du dann auf Deinen Bekannten, den Du nun ein Stück auf seiner Tour begleiten möchtest und Dich dadurch nicht an die vorgeschlagene Wegführung halten kannst, wird die Strecke einfach an Deine aktuelle Position angepasst.

## Trailnavigation für Bikepark-Freunde

Diese RoundTrip-Routing Funktion ist speziell für Fans von Bikeparks und sonstigen Trail-Netzwerken gemacht. Wähle dafür auf der Edge Startseite „Navigation" > „Mountainbike-Trailnavigation" und folge den Anweisungen am Bildschirm. Hierbei wählst Du die Region, wo Du beabsichtigst zu fahren, legst dann in der Karte Deinen Startpunkt fest, definierst die Schwierigkeit sowie die Tour-Distanz und startest dann die Suche mit „Nach Trails suchen".

Dir werden 3 Touren vorgeschlagen. Möchtest Du an der Auswahl etwas ändern, so tippst Du den ✏ Stift – das Bearbeiten-Symbol – im oberen rechten Display-Eck an, änderst Deine Suchkriterien und bestätigst am Ende mit ✔.

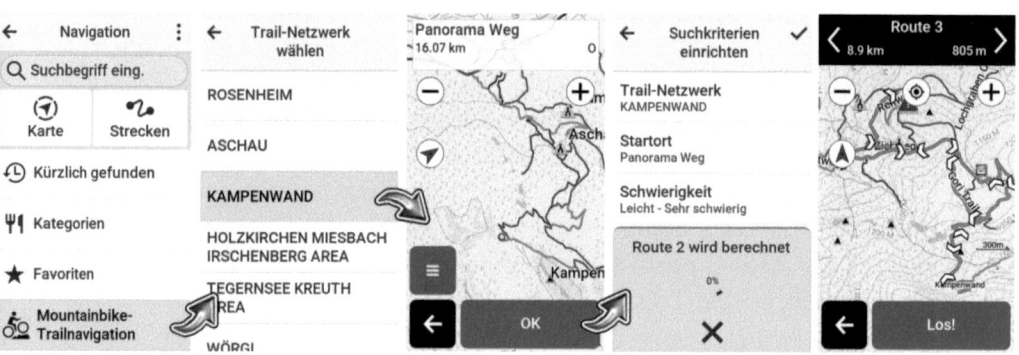

**Abbildung 2-23** Routing speziell auf MTB-Trails, ausgewählte Regionen

## Routenplaner

Wer nun eine ganz eigene Route im Edge kreieren möchte, ohne sich dazu erst an den PC setzen zu müssen, der kann dafür die „Routenplaner"-Funktion im Edge nutzen.

## Aufgabe:

Erstelle eine Route mit der Start- und Endposition an Deinem Wohnort, mind. 2 beliebigen Zwischenzielen aus der Karte, aus weiteren Wegpunkten, die Du bereits im Edge gespeichert hast, und einem Punkt des öffentlichen Interesses (POI). Wer möchte und bereits im Edge vorliegen hat, kann für die Wegführung der Route sogar auch ein „Segment" einfügen.

Vorgehen:

1. Kontrolliere, ob die Routing-Einstellungen des verwendeten Aktivitätsprofils Deinem Fahrverhalten entsprechen:
   Auf Startseite richtiges Aktivitätsprofil wählen, dann Statusseite aufziehen > „Profil bearbeiten" wählen > Navigation > Routing > Routing-Modus: "Mountainbiken"
   Berechnungsmethode: „Distanz minimieren",
   Auf Straße zeigen: nach Belieben,
   Vermeidung einrichten: Wichtige Autobahnen (Schalter „An"),
   Streckenneuberechnung: „**AutoPause**" ist hier ganz sinnvoll sein, denn die vorbereitete Route soll ja so bleiben wie geplant, auch wenn Du Dich von dieser unterwegs wegbewegst.

2. ♠ Startseite > Navigation > Strecken > ✚ > Routenplaner: „Startortposition: Aktuelle Position" wählen und der Anleitung am Display folgen oder,
   wenn Dein gewünschter Startort nicht die aktuelle Position ist, kannst Du natürlich auch die „Karte verwenden" und darin den Startpunkt anvisieren und mit dem ✚ Button übernehmen.
   Sinn der Sache ist es nun also einen Anfahrtspunkt nach dem anderen anzugeben. Das ist in der Karte recht einfach. Um den

Zoomfaktor der Karte zu ändern, ziehst Du die Karte mit Daumen und Zeigefinger auseinander bzw. schiebst sie zusammenschieben.

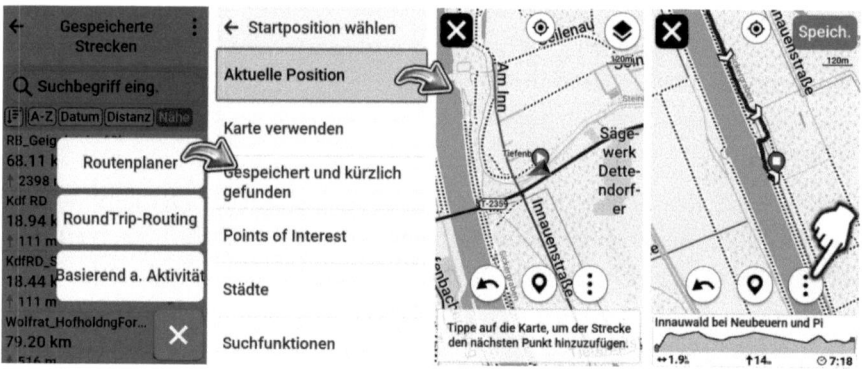

**Abbildung 2-24** Startort festlegen: Entweder aktuelle Position verwenden oder in der Karte festlegen

3. Verschiebe die Karte an die Stelle Deines nächsten Anfahrtspunktes – also Deines ersten Zwischenziels – und visiere diesen mit dem kleinen Türkis-farbigen Markierungspunkt an. Füge diesen Punkt wieder mit dem ✚ Button (rechts unten) Deiner Route hinzu. Wiederhole dies noch einmal, um das gewünschte zweite Zwischenziel in der Karte zu wählen. Am unteren Kartenrand siehst Du schon wie das Höhenprofil dazu entsteht.

4. Tippe auf das Menü-Symbol ⋮ , unten rechts (4.Bild). Damit öffnen sich die Zielauswahl-Kategorien (Abb.2-25,1.Bild). Wähle „Gespeichert und kürzlich gefunden > Favoriten", um einen Deiner im Edge gespeicherten Wegpunkte der Route hinzuzufügen. Rufe einen durch Antippen auf und fügen diesen mit dem ✚Button hinzu. Gefällt Dir Dein Routenverlauf nicht so recht, kannst Du den ⟲ Zurückpfeil-Button antippen und die letzte Aktion löschen. Mit dem ⊙ Positions-Button aktivierst Du Deinen Türkis-farbigen Markierungspunkt, um ein nächstes Zwischenziel in der Karte auswählen zu können.

5. Rufe dann wieder die ⋮ Zielauswahl-Kategorien auf, wähle darin die „<u>Points of Interest</u>"-Kategorie und suche Dir einen POI aus den dort angesiedelten Untergruppen. Füge diesen wieder mit **+** Deiner Route hinzu.

**Abbildung 2-25** Schritt 2) Die nächste 2 Zwischenziele der Route in der Karte bestimmen und am Ende mit ← Karten-Modus verlassen

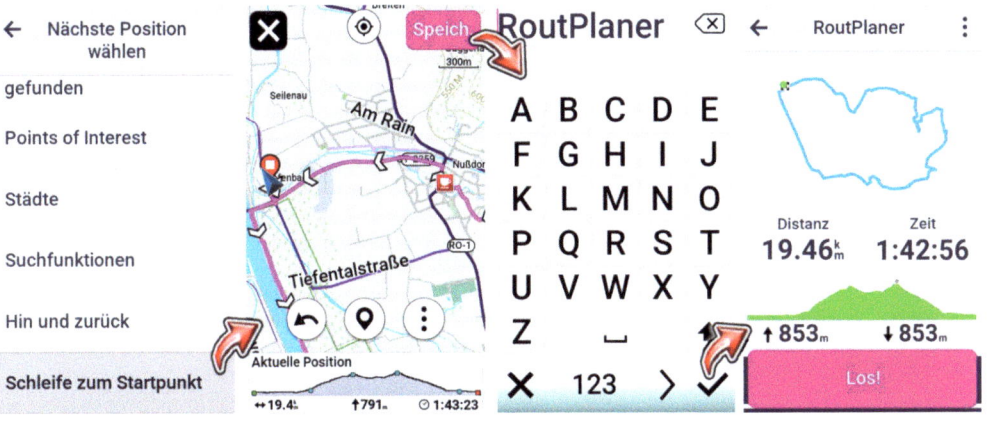

**Abbildung 2-26** Um die Tour als Runde zu beenden: „Schleife z.Startpunkt" wählen

6. Und zum Schluss kannst Du Dir die Sache ganz leicht machen, indem Du im ⋮ Menü die Option „Schleife zum Startpunkt" verwendest. Möchtest Du nun noch etwas ändern ?

Route im Routenplaner ändern

Wolltest Du Deinen Routenentwurf ändern, kannst Du das nur, **bevor** Du den „Speichern"-Button berührt hast.

Zum Ändern Deiner Routenplanung tippe und halte am unteren Kartenrand die Höhenprofilgrafik und ziehe diese ganz nach oben. So zeigt sich ganz unten der farbige „Punkt hinzufügen"-Button, mit dem Du weitere Zwischenziele ergänzen kannst. So könntest Du z.B. noch ein Segment hinzufügen (zu finden in der Kategorie „Gespeichert und kürzlich gefunden" > Segmente).

Des Weiteren findest Du am rechten Rand in den Zeilen Deiner Zwischenziele diesen ☰ Button, mit dem Du z.B. dieses soeben noch ergänzte Segment an die richtige Position Deiner Anfahrtsreihenfolge verschieben kannst (antippen und halten, dann nach oben ziehen).

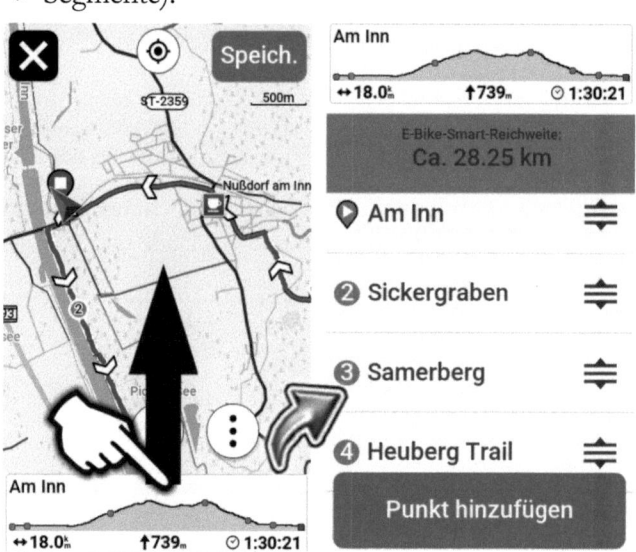

Abbildung 2-27  Routenplanung ändern

Zum Beenden des Änderungsmodus berühre und halte die Höhenprofilgrafik und schiebe diese nach unten, so dass Du wieder die Karte mit dem „Speich."-Button sehen kannst.

7. Ist Deine Routenplanung fertig, tippst Du im oberen rechten Display-Eck auf „Speich." (speichern).
   Somit wird Deine mit dem Routenplaner erstellte Tour in Deinem „Strecken"-Ordner abgelegt. Du kannst diese Route nun sofort mit

Berühren des „Los"-Button starten oder mit dem ← Pfeil links oben in Deinen Strecken-Ordner zurückkehren, wo Du jederzeit alle Details dieser Strecke ansehen sowie die Strecke mit „Los!" zur Navigation aufrufen kannst.

### Favoriten – Eigene Wegpunkte

Diese Navigationskategorie zeigt Dir alle Wegpunkte, die Du selbst im Edge gespeichert oder vom PC/Handy aus zum Gerät übertragen hast bzw. von Werk aus vorhanden sind.

(Das Übertragen von GPS-Daten vom PC lässt sich mit dem Arbeitsplatz-Explorer oder der Garmin Kartensoftware „BaseCamp" bewerkstelligen. Damit beschäftigen wir uns im Kap. 3/ „Arbeiten am heimischen Computer" näher.)

Wie bei der Bedienung des Edge gleich zu Beginn gelernt kannst Du Dir unterwegs interessante Positionen (= Wegpunkte) im Edge abspeichern. Wir erinnern uns:
Startseite: „Navigation" > ⋮ Menü > „Position speichern" > ✔,
automatische Benennung bestätigen ✔ = Wegpunkt gespeichert.

### Aufgabe 1:

Öffne einen bereits erstellten Wegpunkt und ändere dessen Namen und Symbol!

Vorgehen:

Wähle auf der Edge Startseite „Navigation" > „Favoriten" und tippe in die Zeile eines der aufgelisteten Wegpunkte. So wird dieser Wegpunkt

Abbildung 2-28  Einen abgespeicherten Wegpunkt aufrufen und bearbeiten  **2–119**

in der Karte dargestellt. Neben dem am unteren Bildschirmrand angezeigten „Los!"-Button, über den Du jederzeit die Navigation zu diesem Punkt starten könntest, findest Du am oberen Rand den Namen bzw. die fortlaufende Nummerierung und die Entfernung per Luftlinie von Deiner aktuellen Position zu diesem Punkt. Auch diese Zeile lässt sich antippen und öffnet daraufhin die Wegpunkteigenschaften mit weiteren Informationen zu diesem Punkt (bitte mitmachen). Im oberen rechten Bildschirmeck findest Du dann das ⋮ Menü, womit Du den Wegpunkt auf folgende Weise bearbeiten kannst:

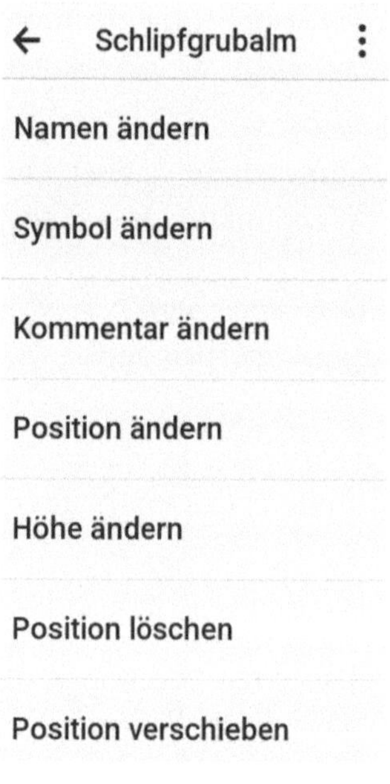

| ← Schlipfgrubalm ⋮ |
| Namen ändern |
| Symbol ändern |
| Kommentar ändern |
| Position ändern |
| Höhe ändern |
| Position löschen |
| Position verschieben |

Durch Antippen der jeweiligen Zeile kannst Du hier nun den Namen ändern, ein anderes Wegpunkt-Symbol wählen oder die Höhe ändern.

Natürlich findest Du fast ganz unten auch den Eintrag „Position löschen", mit dessen Auswahl Du diesen Wegpunkt aus dem Edge entfernen kannst.

Wie man mehrere Wegpunkte auf einmal löschen kann sehen wir uns in Kapitel 4/ „Aufzeichnung in BaseCamp öffnen" an.

**Abbildung 2-29** Wegpunkt im Edge bearbeiten

Die Wegpunkte in der Kategorie „Navigation" > „Kürzlich gefunden" kannst und musst Du nicht löschen. Das ist ein automatischer Speicher, der einfach immer die zuletzt verwendeten Wegpunkte zeigt und die ältesten Einträge dann automatisch überschreibt.

# Zurück zum Start

Selbst wenn keine Route im Edge zur Navigation aufgerufen wurde, keine abzufahrende Strecke im Gerät gespeichert ist und auch kein Kartenmaterial existieren würde, sondern nur mit der ▮▶ Start-Taste die aktuelle Bewegung aufgezeichnet wurde, kann der Edge 1050 navigieren und zwar: „Zurück zum Start" > „Entlang gleicher Route". Diese Funktion ist nur dann in der Startseitenkategorie „Navigation" oder im Dropdown-Menü auf der „Steuerungen"-Seite zu finden, wenn die ▮▶ Start-Taste betätigt und die aktuelle Aufzeichnung noch nicht abgespeichert wurde.

Bei Verwendung von routingfähigem Kartenmaterial erscheint zudem ein Auswahlmenü mit dem entschieden werden kann, ob derselbe oder der kürzeste Weg zurück verwendet werden soll. Genauso lässt sich allerdings auch manuell der Weg zurückverfolgen. Denn es ist ja immer noch die türkisfarbige Track-Linie, die Linie Deiner eigenen Fortbewegung, im Display zu sehen.

Besonders die fast lächerliche Funktion „Zurück zum Start" > „Entlang gleicher Route" (evtl. auch als „TracBack" bekannt) kann in der unbekannten Urlaubsregion, in Wüstenlandschaften wo kein Weg erkennbar ist oder bei plötzlichem Wetterumschwung mit dichtem Nebel von lebensrettender Bedeutung sein. Also trotzdem mal im Hinterkopf behalten!

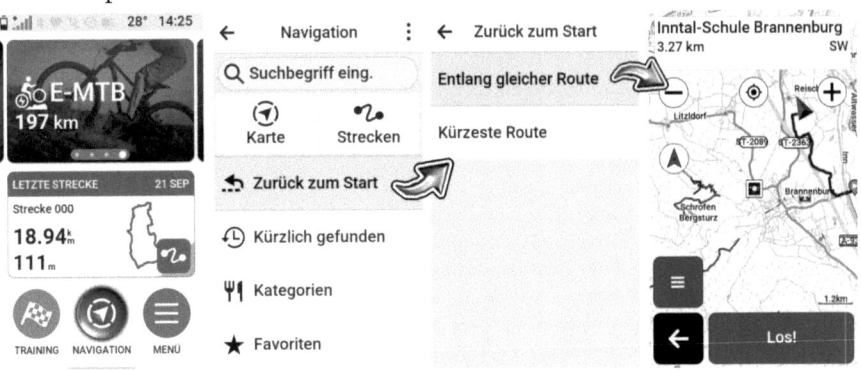

**Abbildung 2-30** Edge1050: 🏠 Startseite > Navigation > Zurück zum Start oder Dropdown-Menü aufziehen > „Steuerungen"-Widget: Zurück zum Start

# Tourstart/Tourende - Schritte am Gerät

Vor der Tour:

1. Auf der Startseite das entsprechende Aktivitätsprofil wählen. Die für die Navigation notwendigen Einstellungen sollten korrekt ausgewählt sein. (Dazu Dropdown-Menü aufziehen, im Einstellungen-Widget: „PROFIL" > Navigation > „Routing"-Optionen kontrollieren).

2. Auf der Startseite das entsprechende Ziel oder das zu navigierende Objekt in der Kategorie „Navigation" evtl. auch „Training" aufrufen und mit „Los!" starten. (Bei der Verwendung von Strecken oder Segmenten auf den ⋮ Button achten, ob diese Elemente als Routenführung mit Abbiegehinweisen funktionieren oder stillschweigend angezeigt werden sollen.)

3. Die eigene Aufzeichnung mit „ ▶ " Start/Stopp starten. Der Edge wechselt automatisch in den Datenseiten-Modus (Radcomputerseite, Karte, Kompass, Höhenprofil etc.)

Nach der Tour:

GPS-Aufzeichnung mit „ ▶ " Start/Stopp stoppen und „Tour speichern" wählen (gleichzeitig werden die Datenfeldwerte auf null bzw. Ausgangswert zurückgesetzt und eine evtl. noch aktive Navigation beendet).

# Navigationsvarianten im Überblick - Wiederholung

Hier noch einmal die Einstellungen und der bildliche Ablauf auf den Datenseiten im direkten Vergleich:

## A) Navigation zu einem Zielpunkt – „Los!"

**Abbildung 2-31** Routen-Navigation zu einem Zielpunkt

Alle "Routing"-Einstellungen müssen korrekt an das Fahrverhalten angepasst werden!!! Das ausgewählte Ziel muss mit „Los!" gestartet werden. Auf der Radcomputerseite machen Datenfelder mit Werten zur aktiven Navigation Sinn, z.B. Distanz zum nächsten Wegpunkt,… zum Ziel, Ankunftszeit etc. Auf allen Datenseiten blenden sich Abbiegehinweise ein. Das bevorstehende Höhenprofil ist sichtbar.

## B) Navigation auf einer Strecke mit Abbiegehinweisen – „Los!"

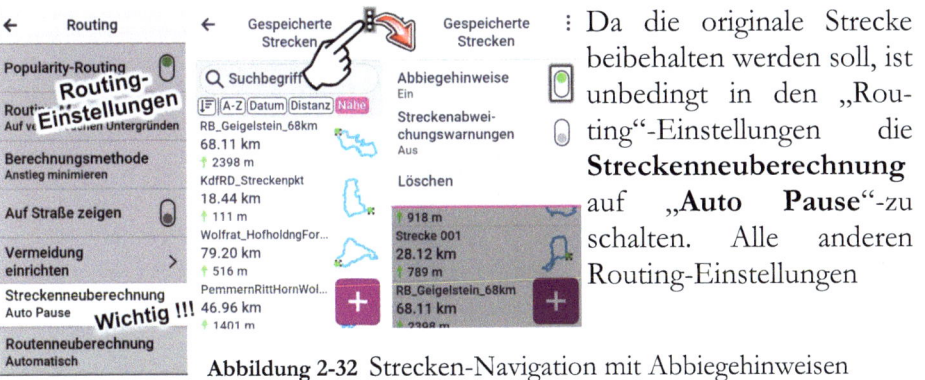

Da die originale Strecke beibehalten werden soll, ist unbedingt in den „Routing"-Einstellungen die **Streckenneuberechnung** auf **„Auto Pause"**-zu schalten. Alle anderen Routing-Einstellungen

**Abbildung 2-32** Strecken-Navigation mit Abbiegehinweisen

**Abbildung 2-33** Strecke mit Abbiegehinweis in der Karte

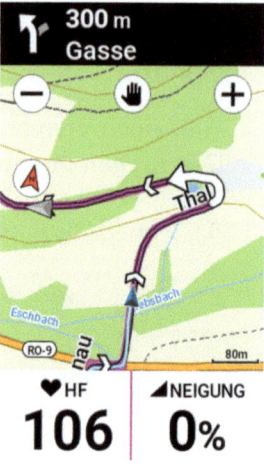

sollte der Edge sowieso missachten. Sicherheitshalber jedoch trotzdem immer korrekt auswählen.

Im „Gespeicherte Strecken"-Ordner die

⋮ Streckenoptionen aufrufen und dort die „**Abbiegehinweise**" (Routenführung) „**EIN**"-schalten!!! Die Strecke muss mit „Los!" gestartet werden. Radcomputer-, Karten- und Höhenprofil-seite verhalten sich genauso wie bei „A) Navigation zu einem Zielpunkt". Lediglich wird nun die originale Strecke Magenta-farben mit schwarzem Rand angezeigt.

## C 1) Navigation auf einer Strecke ohne Abbiegehinweise – „Los!"

**Abbildung 2-34** Strecken-Navigation ohne Abbiegehinweise

Hierbei können die „Routing"-Einstellungen völlig missachtet werden.

Denn über die ⋮ Streckenoptionen schalten wir die „**Abbiegehinweise**" (Routenführung) sowieso „**AUS**".

Die Strecke muss mit „Los!" gestartet werden, wird aber keinesfalls auf dem im Edge verwendeten Kartenmaterial neu berechnet. Trotzdem kannst Du von Datenfeldern mit Werten zum Navigationsfortschritt (Distanz zum Ziel, Verbleibender Anstieg…), einer perfekten Sichtbarkeit in der Karte sowie vom bevorstehenden Höhenprofil profitieren.

Vorteil: **Die Tour bleibt einfach unverändert** – so wie sie geplant wurde – am Display sichtbar. Man muss sich keine Gedanken machen, in den Routingeinstellungen etwas falsch ausgewählt zu haben, denn es wird nicht navigiert. Man ist flexibel und kann unterwegs auch schnell mal eine besser geeignete Teilstrecke fahren, denn zu der ursprünglich gestarteten Strecke findet man immer wieder über das Display zurück. Letztendlich verbraucht der Edge auch weniger Akkustrom, da er ja den Wegverlauf nicht ständig neu berechnen muss.

Im Gelände – also überall dort, wo sich Wegverläufe schnell ändern, ist das die Methode der Navigation, die Touren-Biker wohl am glücklichsten machen wird. Auch bei vorgegebenen Touren von Reiseveranstaltern ist das die sicherste Art, mit der dann jeder auch dieselbe Strecke fährt.

### C 2) Navigation auf einer Strecke ohne Abbiegehinweise, aber mit Streckenpunkten – „Los!"

Die Einstellungen belassen wir genauso wie eben bei der Navigationsvariante C1). Nur habe ich jetzt einmal eine Strecke mit „Los!" gestartet, die Streckenpunkte enthält. (Diese Punkte habe ich bei der Tourenerstellung am PC hinzugefügt, sehen wir uns in Kap.3/ "Streckenpunkte ergänzen" noch an.)

In den Einstellungen der jeweiligen Strecke muss der Schieberegler bei „Streckenpunkte" aktiv/grün sein. Enthält eine Strecke Streckenpunkte und wird mit „Los!" gestartet, gesellt sich automatisch eine weitere Datenseite hinzu, die <u>Streckenpunkte-Liste</u> (5.Bild v.li.).

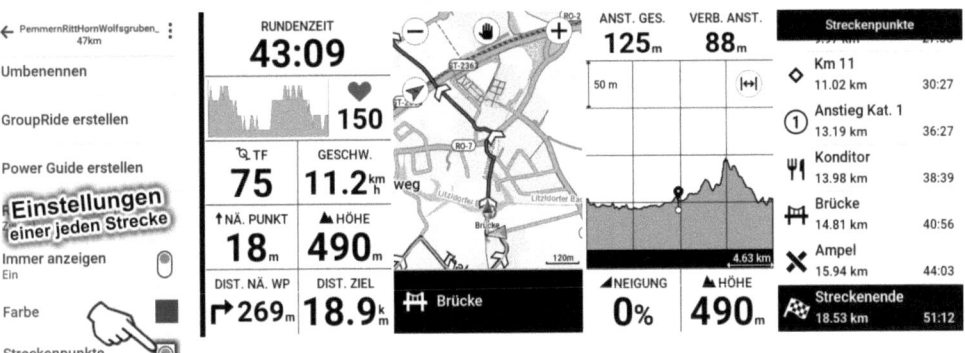

**Abbildung 2-35** Navigation auf einer Strecke mit Streckenpunkten

Diese zeigt alle bevorstehenden Streckenpunkte mit Entfernung und verbleibender Fahrtzeit (aktueller Fahrtschnitt). Somit kann man sich auf kräftezehrenden Touren aufmunternde Punkte erstellen. Diese sind dann in der Karte zu sehen und zeigen beim Überfahren auf jeder Datenseite eine dezente Meldung am unteren Bildschirmrand an (3.Bild v.li.).

# Tourenauswahl unterwegs per Handy/Tablet-PC

Die schnellste und einfachste Möglichkeit eine Tour für die Verwendung in Deinem Edge aufzuspüren, sind diverse Online-Tourenportale, in denen Du Touren findest, die andere schon einmal gefahren sind und Du zur Navigation verwenden kannst.

Meistens lassen sich hier aber auch eigene Touren mit wenigen Handgriffen erstellen. Diese oberflächliche Touren"planung" birgt allerdings auch die Gefahr, dass man nicht genau hinsieht wie die Wegbeschaffenheit ist. Da muss man einfach mit Überraschungen rechnen.

Dazu zeige ich Dir nun 3 Möglichkeiten, unterwegs und ganz spontan mittels eines internetfähigen Handys oder Tablet-PC´s online auf Touren zuzugreifen und zum Edge zu senden:

## 1. a) Garmin Connect Mobile-App: Strecken suchen

Nachdem Du Dein Smartphone wie in Kap.1/" Datenübertragung per Bluetooth - Kopplung mit Smartphone" mit dem Edge gekoppelt hast, kannst Du Dir in der Garmin Connect Mobile-App am Handy oder Tablet-PC beliebte Strecken aus dem Garmin-eigenen Strecken-Netzwerk anzeigen lassen und diese zum Edge übertragen.

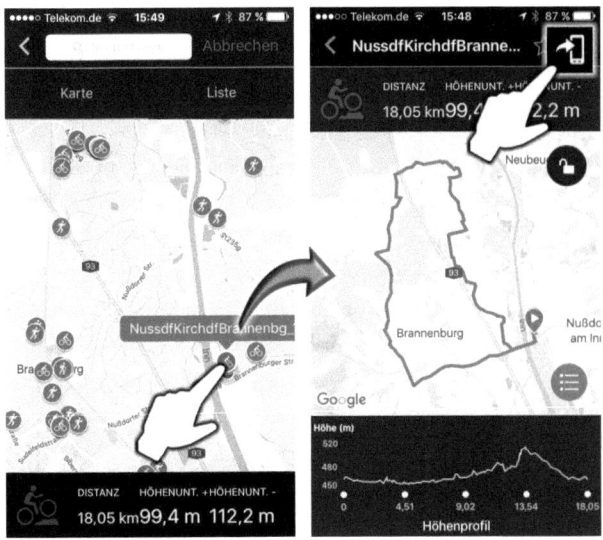

1. Wähle dazu in der Connect Mobile-App im Menü die Kategorie Training und Planung > „Strecken" und tippe nun sofort auf den 🔍 Lupe-Button am oberen Bildschirmrand.

**Abbildung 2-36** Eine Strecke von anderen suchen und zum Edge senden

2. Zoome und verschiebe den Kartenausschnitt an die Stelle Deiner beabsichtigten Startposition und warte einen kleinen Augenblick, bis die blauen Startpositionen vorhandener Stecken zu sehen sind.

3. Tippe dann die Startmarkierung der evtl. in Frage kommenden Strecke an, um die Details wie Distanz und zu fahrende Höhenmeter gezeigt zu bekommen.

4. Tippe diese Startmarkierung nochmals an, um auf der sich daraufhin öffnenden Detailseite den ⋮ Menü-Button zu erreichen, über den Du dann die Strecke „An Gerät senden" kannst.

### 1. b) Garmin Connect Mobile-App: Strecken planen

1. Öffne die Garmin Connect Mobile-App an Deinem Handy bzw. Tablet-PC und wähle in der Menüliste die Kategorie „Training und Planung" > „Strecken".

2. Tippe auf der erscheinenden Seite auf „Strecke erstellen" und folge den Anweisungen am Bildschirm, um den Streckentyp (z.B. MTB oder Rennrad) und die Zeichenmethode festzulegen (automatische Erstellung oder nach eigenen Vorstellungen).

3. Wenn dann die Seite mit der Karte und Deiner blauen Position erscheint, musst Du bei der automatischen Variante nur noch an die Stelle in der Karte tippen, an der Deine Tour beginnen soll. Bei der benutzerdefinierten Zeichenmethode hingegen tippst Du nacheinander an die abzufahrenden Positionen in der Karte. Dazu musst Du den nächsten Punkt in der Karte lange antippen oder den kleinen ♥ Positionsbutton am unteren Bildrand jeweils neu aktivieren und mit „Weiter" bestätigen.

4. Daraufhin startet die automatische Streckenberechnung und zeigt unten im Aufziehmenü (⌒) das Höhenprofil.

**Abbildung 2-37** Am Handy/Tablet-PC erstellte Strecke zum Edge senden

5. Über den ⋮ Button am unteren Kartenrand findest Du dann weitere Optionen zu dieser Tour.
6. Wähle am Ende „Speichern" und sende die Tour an den Edge über das kleine Symbol im rechten oberen Eck.

Im Edge findest Du diese Tour dann wie gewohnt auf der Startseite: Navigation > Strecken.

## 2. Komoot-App: Strecken detailliert planen nach Wunsch

 Mit der sehr beliebten Outdoor-App der Komoot GmbH kann man unterwegs per Handy mal richtig Touren planen oder sich vorschlagen lassen und nach Herzenslust mit beliebigen Zwischenzielen ergänzen. Dass diese Dienstleistung nicht kostenfrei ist, kann man sich da schon fast denken. Hier wird entweder regional abgerechnet (man lässt sich einzelne Regionen freischalten/ 3,99€) oder man erwirbt die weltweite Planungsfreiheit für einmalig 29,99 € bzw. 59,99€ (Premium).

Die Komoot-App gibt es einmal für das Smartphone/Tablet, um mit diesem Gerät zu navigieren, und es gibt sie auch als Connect IQ-App, um sie direkt am Edge zu installieren und alle am Handy geplanten Touren im Edge aufzurufen sowie mit diesem zu navigieren.
Genauso kannst Du auch am heimischen PC mit der Internet-Adresse www.komoot.de auf dieses Portal zugreifen und hier in aller Ruhe Touren erstellen.

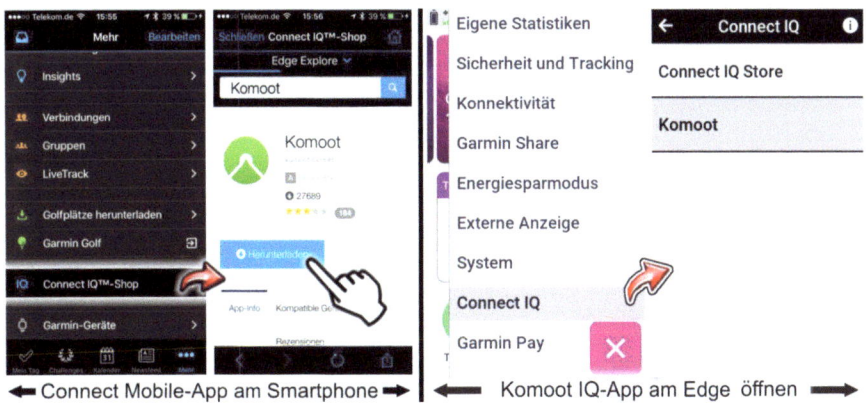

← Connect Mobile-App am Smartphone →  ← Komoot IQ-App am Edge öffnen →

Abbildung 2-38 Die Komoot IQ-App im Edge installieren

1. Installiere die Connect IQ-App „Komoot" auf Deinem Edge: Öffne dazu die Connect Mobile-App an Deinem Handy oder Tablet-PC, wähle in der Menüliste („...Mehr") „Connect IQ-Shop" und schreibe „komoot" in das Suchen-Eingabefeld. Tippe auf das Feld mit dem Komoot-Logo und wähle dann „Herunterladen".

   Wähle bei der evtl. erscheinenden Frage „Außerhalb von Garmin Connect öffnen?" – „Abbrechen" und dann noch einmal „Herunterladen".

   Die „Komoot" IQ-App findest Du dann am Edge von der Startseite aus über den ☰ Button > „Connect IQ".

2. Daraufhin erscheint an Deinem Edge der Hinweis mit einem Code, Dich damit bei Komoot anzumelden. Erstelle ein Komoot-Benutzerkonto, welches dann auch mit Deinem Garmin Connect Benutzerkonto und Deinem Edge verknüpft wird. Gleich zu Beginn wirst Du gefragt, ob die Daten von Komoot an Deinen Edge gesendet sowie ob die Aufzeichnungen aus Deinem Edge in Dein Komoot-Konto übertragen werden dürfen. Wir würden hier nur die erste Option benötigen, aber entscheide selbst und aktiviere das Entsprechende.

   Möchtest Du Komoot dann irgendwann nicht mehr nutzen, kannst Du diese Verbindung in den Einstellungen Deines Komoot-Kontos > „Verbindungen" wieder auflösen.

   Durch das Öffnen der „Komoot" IQ-App am Edge und der Auswahl „Geplante Touren" werden Dir alle Strecken aufgelistet, Die Du auch in Deiner Komoot-App am Handy sehen kannst.

3. Zum Planen von Touren musst Du also die „Komoot"-App, die für IOS- und Android-Geräte verfügbar ist, ebenfalls an Deinem Smartphone oder Tablet-PC installieren und Dich mit Deinem Komoot-Zugang einloggen.

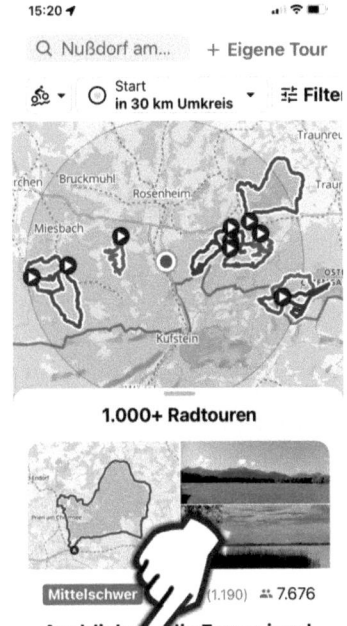

1.000+ Radtouren

**Abbildung 2-39** In der Komoot-App am Handy nach fertigen Touren suchen

4. Die Möglichkeiten in der Komoot-App am Handy:

**A)** Tippe am unteren Bildschirmrand auf „**Touren**", wenn Du eine fertige von anderen Nutzern aufgezeichnete Tour verwenden möchtest.

Über das Aktivitätssymbol und den „Filter" am oberen Kartenrand kannst Du die Suche eingrenzen.

Tippe dann auf den Namen der Tour die Dich interessiert. So gelangst Du zu dessen Tour-Details und wählst hier „Speichern" bzw. „Anpassen". Mit „Speichern" wandert die ausgewählte Tour in die Rubrik „Geplant" Deines Komoot-Kontos.

Mit „Anpassen" lässt sich Dein tatsächlicher Ausgangspunkt in die Tour einbauen. Tippe dazu in der Karte den Startpunkt „A" lange an und tippe danach lange an die Stelle, wo Du wirklich starten möchtest. Wähle den dann erscheinenden Button „Hierhin verschieben". Wiederhole diesen Vorgang mit den Punkten auf der Strecke, dessen Tourverlauf sich durch Deine Startpunktänderung inakzeptabel verändert hat. Am Ende wählst Du natürlich wieder „Speichern".

Nun kannst Du die Tour am Edge in der Komoot-App aufrufen und mit „Los!" zur Navigation starten.

**B)** Tippe am unteren Bildschirmrand der Komoot-App auf „Touren" und auf der sich öffnende Seite rechts oben auf „**+ Eigene Tour**", um eine ganz eigene Biketour zu kreieren. Wähle auf der erscheinenden Seite die Art der Fortbewegung (z.B. MTB), Dein Fitnesslevel etc. Gib

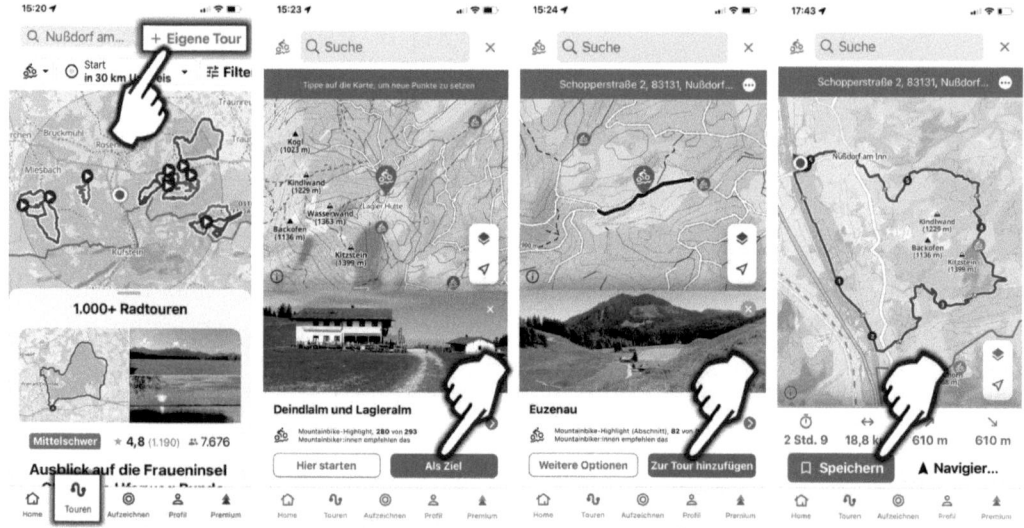

**Abbildung 2-40, oben:** Komoot-App am Handy: Die eigene Tour mit Zwischenzielen planen

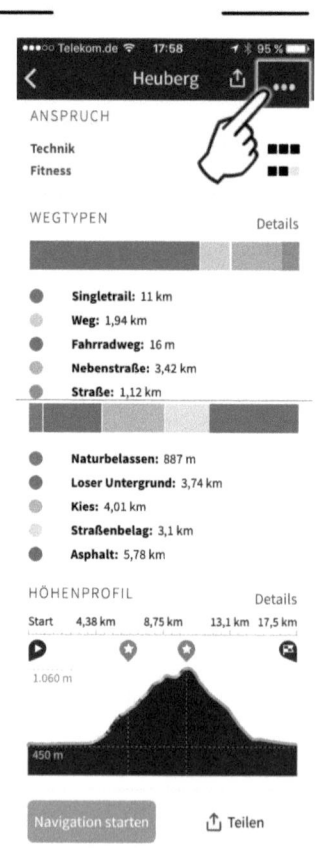

den Startort (Aktuelle Position) und den Zielpunkt ein oder tippe dazu in die Karte, in der Dir etliche interessante und für Deine ausgewählte Bewegungsform sinnvolle Ziele und Wegabschnitte mit Symbolen angezeigt werden. Sobald Du auf das gewünschte Symbol tippst, kannst Du in der daraufhin erscheinenden Option „Zur Tour hinzufügen" wählen, ob es als „Wegpunkt" eingefügt werden soll oder dies das neue Ziel sein soll. Füge so Schritt für Schritt weitere Zwischenziele Deiner Tour hinzu.

Unterhalb der Karte werden Dir die ungefähre Fahrtzeit, Distanz und Höhenmeter angezeigt.

**Abbildung 2-41** Tour-Details

Hast Du am Ende eine schöne Runde entworfen, tippe auf „Speichern" und gib der Tour einen wiedererkennbaren Namen. Danach werden Dir sehr wissenswerte Infos zu Deiner geplanten Tour angezeigt. Darin erfährst Du zuerst eine Einschätzung zur konditionellen und fahrtechnischen Schwierigkeit, findest die Fotos Deiner hinzugefügten Punkte oder Streckenabschnitte und kannst weiter unten in den Details die genaue Wegbeschaffenheit sehen, z.B. 11km Singletrail, 3,42 km Nebenstraßen… etc.

**Nachbearbeiten**: Sollte die Fahrtrichtung oder Teile der Tour nicht korrekt sein, so öffnest Du über die •••  Menüpunkte im oberen rechten Eck der Karte den „Bearbeiten"-Modus und auf der erscheinenden Seite abermals das ••• Menü. Hier wählst Du nun „Richtung umkehren".

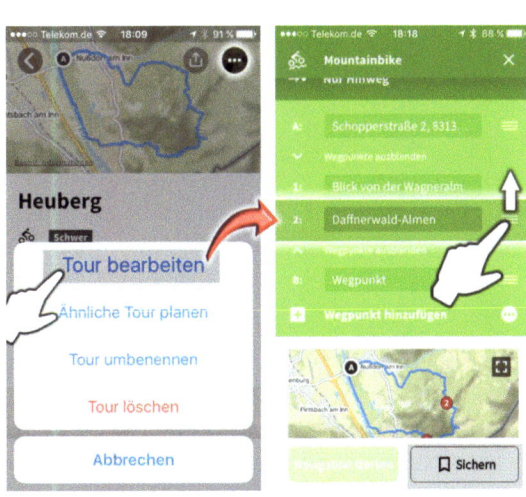

Abbildung 2-42  Komoot-App: Geplante Tour nachbearbeiten

Mit „Route bearbeiten" > „+Wegpunkt hinzufügen" > „Auf Karte wählen" oder dem Antippen der Karte lassen sich auch hier nochmals Streckenabschnitte ergänzen bzw. verändern. Am Ende wählst Du wieder „Speichern".

Abbildung 2-43
Streckenabschnitt umleiten

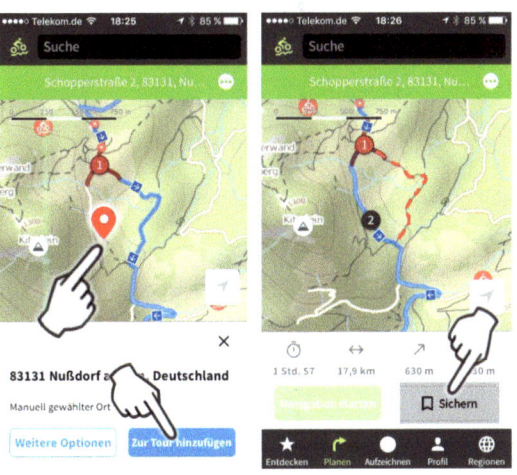

**Detailinfos:** Tippe auf das Höhenprofil, wenn Du Dir bestimmte Punkte im Höhenprofil und zugleich in der Karte genauer ansehen möchtest. Du kannst das Höhenprofil mit 2 Fingern auseinanderziehen und somit die Fahrdaten für den ausgewählten Abschnitt zeigen lassen.

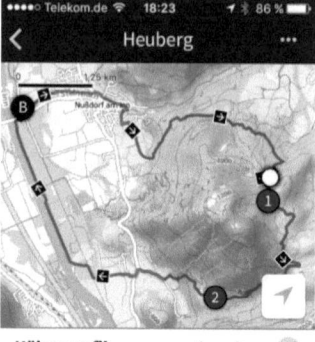

Abbildung 2-44

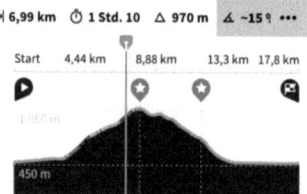

➜ In der Web-Anwendung am PC (www.komoot.de) stehen Dir noch weitere und wesentlich detailliertere Infos sowie Planungsmöglichkeiten zur Verfügung. ←

Deine „gespeicherte" Planung liegt nun in Deinem Komoot Benutzerkonto als geplante Tour bereit und ist an Deinem Edge-Gerät von der Startseite aus im ☰ > Connect IQ > Komoot > „Geplante Touren" sofort sichtbar (wenn Bluetooth zum Handy aktiv). Diese brauchst Du nur noch antippen und in dessen Tourendetails auf „Start" tippen. Wähle in der erscheinenden Auswahl Dein gewünschtes Aktivitätsprofil und „Los!" geht´s. Das Handy kannst Du wegpacken, denn der Edge arbeitet nun selbstständig, ohne Internetzugang.

Abbildung 2-45 Eine Tour in der Komoot IQ-App am Edge starten

### 3. GPS Touren von x-beliebigen Webseiten verwenden

Mit Deinem Internet-fähigen Handy kannst Du nun zwar auf unendliche Tourendownloads x-beliebiger Webseiten zugreifen, jedoch nicht direkt in den Edge laden. Über Umwege gelingt aber auch das:
Hierzu benötigst Du an Deinem Handy oder Tablet-PC eine Datenverwaltungs-App wie z.B. „ES Datei Explorer".

1. Öffne also ein Tourenportal Deiner Wahl, wie z.B. die Tourismusseite Deines Urlaubsortes und suche dort nach dem GPX-Download (=GPS-Datei) Deiner gewünschten Tour.

2. Tippe diese an, worauf sie im Handy/ Tablet gespeichert wird.

3. Öffne nun die „ES Datei Explorer"-App oder Deine am Handy vorhandene Dateien-Manager-App: Darin wirst Du Deinen „Download"-Ordner und darin die soeben heruntergeladene GPX-Datei angezeigt bekommen (Bild rechts).

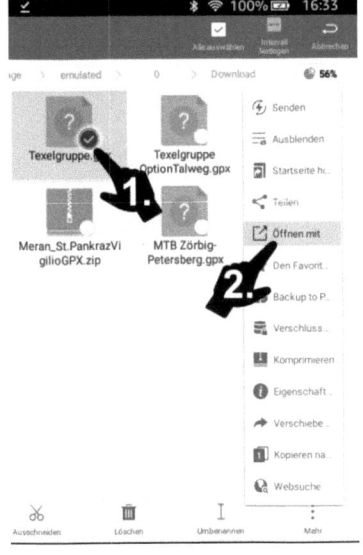

4. Tippe die gewünschte GPX-Datei an und wähle über den „Mehr"-Button „Öffnen mit"> „Connect".

5. Somit wird die Tour in das Streckenerstellungsmenü der Garmin Connect Mobile-App importiert, wo Du nun zuerst wieder den Streckentyp (MTB oder Rennrad, etc.) festlegen musst. Diesen Vorgang bestätigst Du mit „FERTIG" im rechten oberen Bildschirmeck und kannst dann die Tour mit dem „Zum Gerät senden"-Button an den Edge übertragen. Dort findest Du die Tour wie gewohnt auf der Startseite: „Navigation" > „Strecken".

**Abbildung 2-46** Mit Hilfe einer Datenverwaltungs-App am Handy GPX-Dateien aus „dem Netz fischen" und an den Edge senden

# TOURENPLANUNG iM DETAiL

# Kapitel 3 – Arbeiten am heimischen Computer

## Kartentypen

### Karten im Lieferumfang

Der Edge 1050 ist mit der für Dich kostenfreien Garmin CycleMap ausgestattet. Von Werk aus ist die Region Europa vollständig installiert. Das Hinzufügen von weiteren Kartenteilen kannst Du am PC mit dem Manager-Tool „Garmin Express", siehe Seite 142 oder
bei bestehender WLAN-Verbindung direkt am Edge in den Einstellungen des jeweiligen Profils > Navigation > Karte > „Karten konfigurieren" erledigen.

### Kostenpflichtige Karten

Von Garmin gibt es auch detaillierteres Kartenmaterial, wie:
- die Straßenkarten „City Navigator" – für die Navigation im Straßenverkehr, in erster Linie für Pkw und Motorrad gedacht;
- die Topografischen Karten, z.B.: „TOPO Alps PRO", welche die Wege für das MTB lilafarben hervorhebt und dessen Fahrbarkeit durch verschiedene Linienarten sehr gut verdeutlicht;
- die Garmin Alpenvereinskarte, mit allen verfügbaren Kartenblättern des Deutschen und Österreichischen Alpenvereins, welche mit ihrem sehr hohen Detailgrad besonders als Planungsgrundlage Alpinisten anspricht. Diese Karte ist allerdings nicht routingfähig.

➜ Diese Kartentypen sind kostenpflichtig und
- als fertig programmierte microSD/SD-Karte
  oder
- als Download-Version auf der Garmin Homepage (www.garmin.de > Karten > …) zu erwerben. Die Downloadversionen sind auf 1 GPS-Gerät lizensiert. Das Vorgehen zur Installation wird Dir im Kaufprozess mitgeteilt. ←

### Vorprogrammierte Datenkarte – microSD/SD-Karte

… kannst Du am PC für die Tourenplanung nutzen. Das Einlegen ins Gerät oder das Kopieren der Daten in den Speicher des Edge ist **nicht** möglich.

## GPS Software für den Computer

Eng in Verbindung mit dem Kartenmaterial steht natürlich auch eine Software für die Installation am PC oder Mac, mit der man schließlich in der Karte jegliche Tourenplanungs- und Nachbearbeitungsaufgaben ausführen kann. Mit Programmen an einem Arbeitsplatzrechner kann man wesentlich detaillierter arbeiten, als mit einer App am Handy oder Tablet.

### Base Camp

…war bisher immer **die** Kommunikationsschnittstelle zwischen einem lokalen PC und GPS-Gerät, wenn es um GPS-Tourdaten geht. Mit BaseCamp verfügt man über umfangreiche Zeichnungs- und Bearbeitungsfunktionen, ohne online sein zu müssen. Leider hat die Entwicklung unserer Gesellschaft dazu geführt, dass lokal arbeitende Programme für einen PC nicht mehr von Interesse sind. Daher gibt es diese Software zwar weiterhin, doch wird sie nicht mehr aktualisiert.

Die Software kann man sich kostenlos von der Garmin Webseite herunterladen:
https://www.garmin.com/de-DE/shop/downloads/basecamp

Mittels BaseCamp ist es Dir möglich, das im Edge 1050 liegende Kartenmaterial am PC bzw. Mac zu nutzen, sobald das Gerät per USB-Kabel angeschlossen und der Kartenlesevorgang abgeschlossen ist. Solltest Du weitere Garmin Karten z.B. als SD-Karte im Kartenslot Deines PC verwenden, so werden diese ebenso wie die Karten aus dem Edge gemeinsam in der BaseCamp-Software angezeigt, so dass ein kartenübergreifendes Arbeiten möglich ist.

Die BaseCamp-Software kann auf x-beliebig vielen Rechnern installiert werden. So also auch auf dem kleinen Laptop für den Urlaub, wo man dann vor Ort noch ein paar Tourenplanungen oder -änderungen vornehmen könnte.

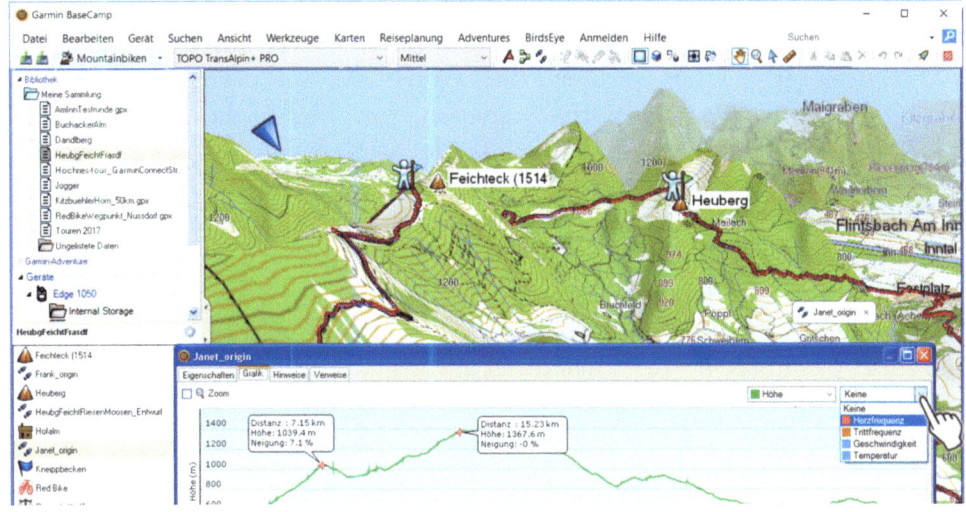

**Abbildung 3-1** BaseCamp Kartensoftware mit TOPO TransAlpin und Track in der 3D-Ansicht mit Höhenprofil

## Garmin Connect

… haben wir ja nun schon als Applikation für das Handy oder Tablet kennengelernt. Aber auch am PC kannst Du auf dieses weltweite Fitness- und Trainingsportal zugreifen, um hierin alles rund um Trainingsfunktionen und -planung sowie Auswertung und Verwaltung Deiner Aufzeichnungen aus dem Edge zu erledigen. Du erreichst es, indem Du folgendes in die Adresszeile Deines Internet-Browsers tippst:   https://connect.garmin.com/

Neben der Nutzung als persönliches Fitnesstagebuch kannst Du hier Deine eigene Aufzeichnung bis ins kleinste Detail analysieren, Strecken zum Nachfahren für andere freigeben, Strecken von anderen verwenden oder auch selbst online zeichnen. Dazu wird das kostenlose Kartenmaterial von Google, Bing und OpenStreetMap verwendet. In Garmin Connect lassen sich ebenso Trainingseinheiten erstellen und diese kalendarisch einplanen oder auch vorgegebene Trainingspläne verwenden sowie Ziele setzen, welche mit Deinen Trainingsaufzeichnungen aus dem Edge automatisch überwacht werden.

## Garmin Express – Das Manager-Tool für den PC/Mac

Das ist ein kleines Programm, was sofort erkennt, wenn Du den Edge per USB-Kabel mit dem PC verbunden hast. Es bietet Dir Zugriff auf Updates, Handbuch und etliche Zusatzfunktionen.

Für die Arbeiten am PC bzw. Mac lädst Du Dir Garmin Express von folgender Webseite herunter:

www.garmin.de > Support > Support Center > Software

und startest dann die Installationsdatei durch einen linken Doppelmausklick. In Zukunft startest Du dieses Programm an Deinem Windows-PC über den Windows-Button im linken unteren Eck > „Programme" > „Garmin" > „Express" oder über den Button auf dem Desktop (am Mac-Rechner ähnlich).

Verbinde nun Deinen Edge mit dem USB-Kabel und Deinem PC. Nach dem ersten Starten von Garmin Express wird der Edge sofort erkannt und Du wirst gefragt, ob dieses Gerät vom Manager-Tool beachtet werden soll. Bestätige diese Meldung mit „Gerät hinzufügen". Danach wirst Du nach einem „GarminConnect"-Benutzerkonto gefragt, mit dem dieses neue Gerät verknüpft werden soll. Wenn Du

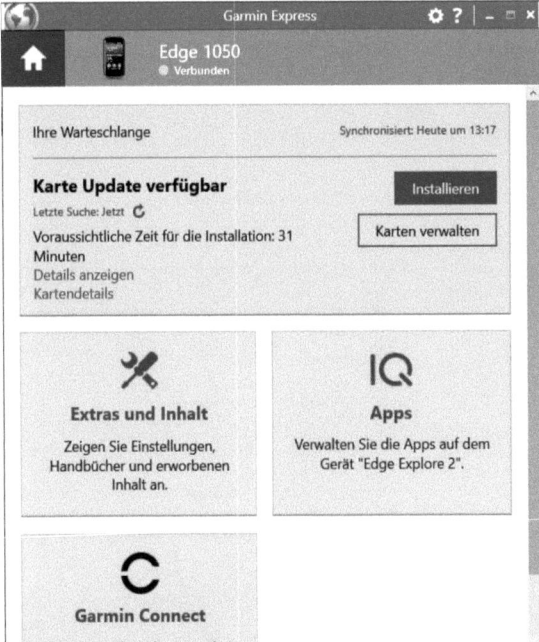

noch kein Konto besitzt, klicke auf den großen Button „…neues Konto erstellen" und fülle im nachfolgenden Fenster die notwendigen Felder aus. Tippe ansonsten hier Deine Connect-Login Daten ein.

Abbildung 3-2
WLAN-Verbindung des Edge am PC einrichten

Ist dies geschafft erscheint ein Fenster, in dem Du die Möglichkeit hast, die **WLAN**-Verbindung Deines Edge 1050 einzurichten. Klicke dazu in die Zeile mit dem Namen Deines WLAN-Routers, der hier bereits gelistet sein sollte. Tippe den Zugangangs-Code Deines heimischen Routers ein, bestätige „Speichern" und folge der weiteren Anleitung. Solltest Du die WLAN-Einrichtung übersprungen haben, kannst Du dies auch jederzeit auf der Geräteseite > Extras & Inhalt > Dienstprogramme oder am Edge (☰>Konnektivität>WLAN >"Aktivieren", Netzwerk hinzufügen) nachholen.

Die WLAN-Übertragung ist gerade für diejenigen sinnvoll, die eben nicht mit dem Handy arbeiten. So muss man den Edge nicht ständig per USB-Kabel am PC anstecken, um mit den aufgezeichneten Daten am PC arbeiten zu können. Denn diese werden per WLAN-Verbindung automatisch in Dein Garmin Connect-Benutzerkonto übertragen, auf das Du am PC mittels Garmin Express schnell zugreifen kannst. Falls Du die WLAN-Synchronisierung am Edge manuell anzustoßen möchtest, wählst Du auf der Startseite ☰ > Konnektivität > WLAN > WLAN-Synchronisierung. Sind Geräte-Updates verfügbar, werden diese automatisch übertragen. Bei Updates für das Kartenmaterial hingegen darfst Du selbst entscheiden, wann Zeit dafür ist. Denn das dauert schon mal etwas länger. Dazu steht dann hier in Express ein „Installieren"-Button bereit.

Sollte Dir die mitgelieferte Karte im Edge verloren gegangen sein, kannst Du diese hier erneut installieren.

Über den „**Karten verwalten**"-Button legst Du fest, welche Kartenteile im Edge vorhanden sein sollen.

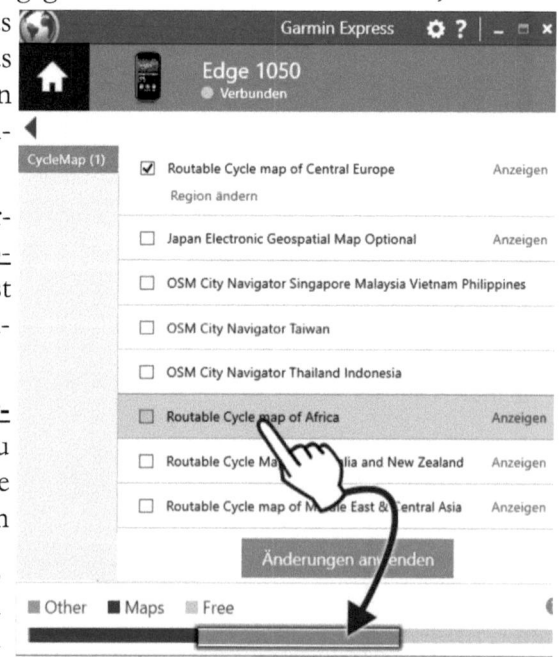

Abbildung 3-3
Kartenmaterial verwalten

Hier kannst Du Regionen hinzuschalten oder abwählen. Der dafür benötigte Speicherplatz wird Dir mit dem Balken am unteren Bildrand gezeigt, wenn Du Deinen Mauszeiger über das jeweilige Kartenteil führst.

Um am PC schnell in Dein Connect-Konto zu springen, kannst Du das Feld nutzen „Garmin Connect/ Zeigen Sie Ihre Aktivitäten bei…".

Zum Garmin-eigenen Handbuch für den Edge 1050 führt Dich das Feld „Extras und Inhalt". Auf der sich öffnenden Seite findest Du auf der Registerkarte „Dienstprogramme" den Abschnitt „Hilfe und Handbücher" und dort wiederum den Link zur aktuellen Version des Garmin Benutzerhandbuches. Darin sind etliche Details gut erklärt, die hier einfach den Rahmen sprengen würden (wie z.B. die Erklärung zu allen Datenfeldern, alles rund um den Trainingszustand etc.).

## Connect IQ-Apps und Datenfeld-Apps per PC installieren

„App" ist die Kurzform von dem englischen Begriff „Application". Hierbei handelt es sich um kleine Programme, die für das Betriebssystem des GPS-Gerätes nicht relevant sind, dieses jedoch um nützliche Funktionen erweitern.

Als Gamin „Connect IQ-App" werden die Apps bezeichnet, die sich auf Garmin-Geräte installieren lassen. Sie unterscheiden sich also zu den Apps, die man am Smartphone und Tablet-PC verwendet.

Bei den „IQ-Apps" wird unterschieden in die „**Widgets**" (=Schnell-zugriffsfenster), die „**Datenfelder**" (auf den Datenseiten), die „**Watch Faces**" (für Garmin-Uhren) und die Anwendungs-**Apps**, welche schon ein paar mehr Aufgaben zu bewältigen haben (wie z.B. die Komoot IQ-App).

Die zuletzt genannten Anwendungs-Apps findest Du, nachdem Du diese zum Edge übertragen hast, auf dessen Startseite im ≡ > Connect IQ (2.-letzte Zeile). Die Widget-Apps findest Du im Dropdown-Menü (Aufziehen der Widget-Seiten aus der Bildschirmoberkante) und anschließendem horizontalen Durchblättern der Widget-Seiten. Hingegen die als App am Edge installierten Datenfelder sind beim Einstellen der Datenseiten > Datenfelder > in der Kategorie „Connect IQ" zu finden (siehe Seite 49, Datenfelder einstellen).

Um solche zusätzlichen Apps im Edge zu installieren, klickst Du bitte im Garmin Express Manager-Tool (auf der Startseite mit der Geräteübersicht) auf das Feld, welches Deinen Edge zeigt.

Somit öffnet sich folgendes Fenster (linkes Bild). Klicke dann auf „IQ Apps…". Rechtes Bild: Hier hast Du die Möglichkeit „Alle" Apps die sich bereits im Edge befinden zu sehen oder über die Liste des Aufklappfensters (1.) eine Auswahl zu treffen, welcher App-Typ Dir gezeigt werden soll.

**Abbildung 3-4**
Garmin Express: Apps verwalten

Letztendlich klickst Du auf „Weitere Apps herunterladen" (2.), um in den Garmin-eigenen App-Store zu gelangen.

Die zur Verfügung stehenden Apps werden aufgelistet.

Einige Apps findest Du merkwürdiger Weise nur, wenn Du Dich auf der gezeigten Seite oben rechts „abmeldest", den App-Namen dann in das Suchenfeld eintippst > bei der gefundenen App dann „Download" anklickst > Dich dann wieder mit Deinem Connect-Login einloggst.

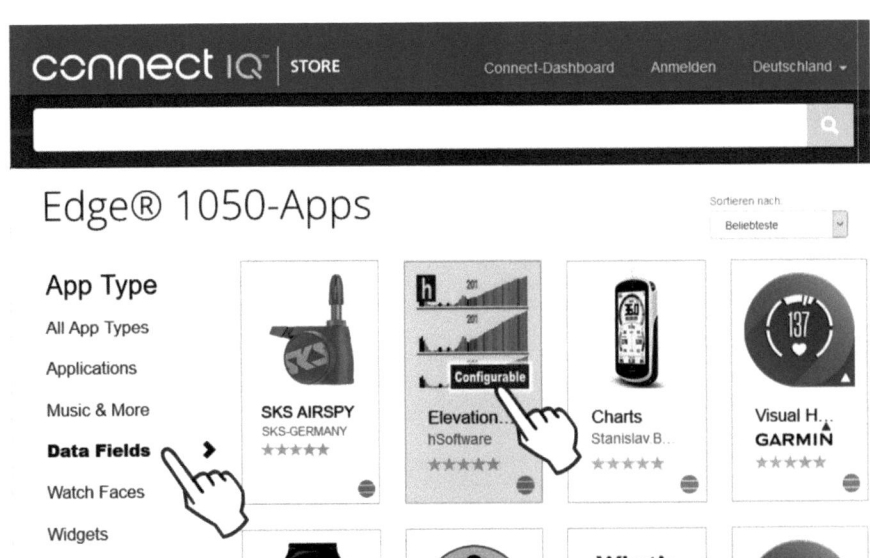

**Abbildung 3-5**  IQ App-Store: Alle Datenfeld-Apps anzeigen lassen

Suchst Du speziell nur nach Datenfeld-Apps, so klicke im linken Teil auf den App-Typ „Data Fields".

Hast Du Dich für ein Datenfeld entschieden, welches Du gern auf Deinem Edge verwenden möchtest (nehmen wir z.B. mal „SKS Airspy", um Dir den Reifendruck Deines Bikes mit den SKS-Drucksensoren am Edge anzeigen zu lassen), so klickst Du das entsprechende Feld an. Es öffnet sich eine Seite mit den Details zu dieser Datenfeld-App und einem auffälligen „Herunterladen"-Button, den Du nun bitte anklickst. Du musst Dich dann mit Deinem Garmin Connect Benutzerkonto-Login anmelden und, falls Du in diesem mehre Garmin-Geräte registriert hast, in der erscheinenden Aufklappliste auch das richtige Gerät auswählen, an welches die ausgewählte Applikation gesendet werden soll. Dann  wandert die App an Dein Garmin Express Manager-Tool und wird von diesem automatisch an den Edge weitergeleitet. (Hängt Dein Edge nicht am USB-Kabel, dann wird die App automatisch über die WLAN-Schnittstelle übertragen.)

Viele Apps lassen sich an Deine Bedürfnisse anpassen oder benötigen sowieso noch spezielle Daten. Achte daher im Express Manager-Tool in der IQ-App Übersicht darauf, ob in der Zeile der jeweiligen App dieser Button mit den 3 Punkten zu sehen ist. Wenn ja, dann kannst Du über diesen das Einstellmenü öffnen und die App an Deine Wünsche anpassen.

**Abbildung 3-6** Garmin Express > App konfigurieren

Speicherplatz für Apps

Wie viele zusätzliche Apps in Deinen Edge passen siehst Du, wenn Du im Fenster „Apps verwalten" auf den im Bild gezeigten Button (1) klickst.

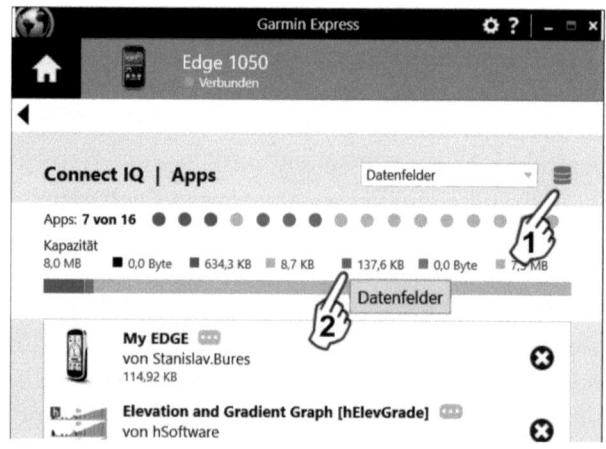

**Abbildung 3-7** Speicherbelegung Deiner IQ-Apps

# Apps deaktivieren, aktivieren oder gänzlich löschen

Um eine App aus dem Edge vorübergehend zu entfernen, klickst Du mit der linken Maustaste auf das Kreuz-Symbol in der Zeile der jeweiligen App (Bild unten: 1.). Daraufhin verwandelt sich das Kreuz-Symbol zu einem Download-Symbol (2.). Würdest Du nun nochmals mit der linken Maustaste auf das Download-Symbol klicken, würde diese App im Edge wieder aktiviert werden.

Klickst Du hingegen mit der rechten Maustaste in die Zeile der nicht mehr installierten App – also mit Downloadsymbol, so kannst Du mit „Aus Liste löschen" die App gänzlich entfernen. (Von Werk aus installierte Garmin-Apps lassen sich allerdings nicht löschen.)

**Abbildung 3-8**
Apps aus
dem Edge
entfernen

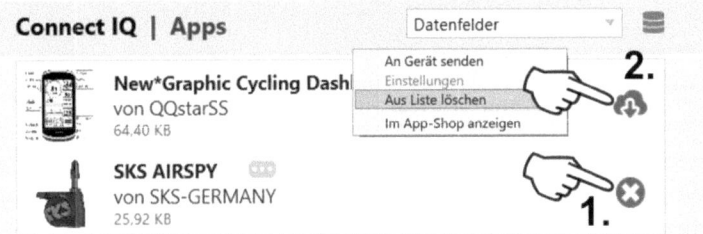

# Dateiformate: GPX, GDB, FIT, TCX

GPX-Datei

Eine GPX-Datei kann jeweils ein oder mehrere Wegpunkte, Routen und/oder Tracks enthalten. Es ist ein sehr universelles Format, welches inzwischen von nahezu allen GPS-Programmen am PC geöffnet werden kann. Tracks, Strecken, Routen und Wegpunkte kann der Edge in diesem Format verarbeiten.

GDB-Datei

Hier handelt es sich um das hauseigene Dateiformat der Garmin-Datenbank, auf das sich das Arbeiten in Garmin Kartenprogrammen am PC aufbaut, wie z.B. die BaseCamp-Software. Dateien in diesem Format können um einiges mehr beinhalten, als das GPX-Format. Solche Software-bezogenen Formate können aber auch nur von derselben Software wieder geöffnet werden. Dateien im GDB-Format gehören **nicht** in den Edge. Dieser kann damit nichts anfangen.

FIT-, TCX-Datei

Eine FIT- oder TCX-Datei enthält neben den normalen GPS-Informationen auch detaillierte Trainingsinformationen aus einem Garmin-Trainingsgerät. Eine solche Datei kann ein oder mehrere Strecken (Courses), Trainings, Aktivitäten (Activities) sowie Benutzer-/Radprofile und Puls-/Leistungs-/Geschwindigkeitsbereiche etc. beinhalten. Der Edge speichert alle Aufzeichnungen in diesem FIT-Format ab und verwendet es auch für alle möglichen Einstellungen.

## System-/Ordnerstruktur

Kopple Deinen Edge per USB-Kabel mit dem PC und warte, bis sich der Arbeitsplatz-Explorer mit dem erkannten „Internal Storage" Deines Edge 1050 öffnet (siehe Seite 157).

In ihm liegt der Ordner „Garmin" mit wichtigen Systemdateien Deines Edge sowie weiteren Unterordnern zur eigenen Verwendung.

Möchtest Du Dir eine <u>Sicherungsdatei</u> Deines Edge anlegen, dann kopiere Dir den gesamten „Garmin"-Ordner (dauert sehr lange) oder nur die für Dich wichtigen Ordner auf ein sicheres Speichermedium.

➡ Bedenke in jedem Fall, dass im Garmin-Ordner auch System-Dateien liegen, die man dort unbedingt so liegen lässt!!! Lösche keine Dateien, über dessen Inhalt Du Dir nicht im Klaren bist! ⬅

Sehen wir uns die für uns wichtigsten „Garmin"-Unterordner und deren Bedeutungen näher an:

- Im „<u>Activities</u>"-Ordner (Protokoll-Archiv) liegen alle Aufzeichnungen, die Du mit ▶ Start/Stop aufgezeichnet hast. Diese sind jeweils mit Datum versehen.

- Im „<u>Courses</u>"-Ordner liegen die Touren, die Du im Edge im Navigationsmenü „Strecken" zum Abfahren aufrufen kannst.

- Den „<u>CustomMaps</u>"-Ordner nutzt Du, um in diesem eigens erstellte Kartenbilder (z.B. eingescannter Lageplan) abzulegen,
wenn es Dich interessiert – meine Anleitung dazu findest Du unter folgendem Link als Download:
https://www.red-bike.de/Zugabe/RB_PraxBuch_CustomMaps.pdf

- Der „**NewFiles**"-Ordner wird sicher einer Deiner am häufigsten benutzten Ordner werden. Denn hier hinein kopierst Du alle Touren (egal ob als Track, Route oder Strecke) und Wegpunkte im GPX-, FIT- oder TCX-Format. Nach dem Starten des Edge werden diese verarbeitet und in die entsprechenden Ordner verschoben.

- Im „**Sports**"-Ordner sind die Daten zu Deinen Aktivitätsprofil-Einstellungen gespeichert. Wenn Du also alle Deine Aktivitäts-Profile perfekt eingerichtet hast und diese Arbeit nach einem Zurücksetzen des Edge nicht noch einmal machen möchtest, dann kopierst und speicherst Du Dir diese Dateien oder besser: den gesamten „Sports"-Ordner an einem sicheren Ort für alle Ewigkeit ab.

- Im „Workouts"-Ordner findest Du Deine im Gerät oder in Garmin Connect erstellten Trainingseinheiten sowie in dessen Unterordner „Schedules" die im Trainingskalender eingeplanten Trainings wieder. Um den Trainingskalender im Edge zu entleeren, kannst Du hier den gesamten „Schedules"-Ordner löschen. Dieser erstellt sich mit der nächsten Nutzung von selbst. Der Trainingskalender lässt sich aber auch in Deinem Connect-Konto am PC entleeren (Kalender öffnen > einzelne Trainingseinheiten durch Anklicken öffnen > „Aus Kalender entfernen" bzw.

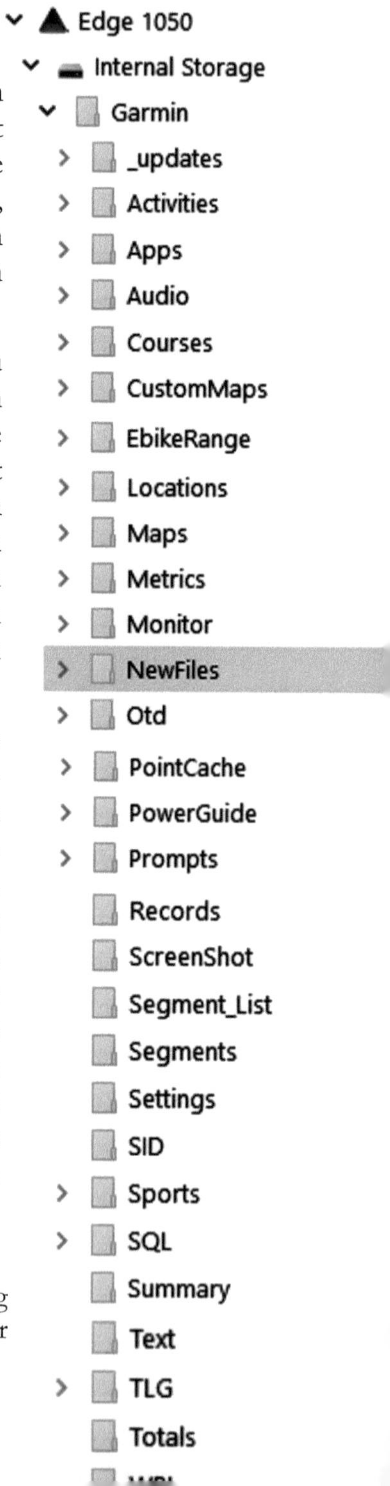

**Abbildung 3-9** Auszug Edge Systemstruktur

- ∨ ▲ Edge 1050
  - ∨ ▬ Internal Storage
    - ∨ ▢ Garmin
      - › ▢ _updates
      - › ▢ Activities
      - › ▢ Apps
      - › ▢ Audio
      - › ▢ Courses
      - › ▢ CustomMaps
      - › ▢ EbikeRange
      - › ▢ Locations
      - › ▢ Maps
      - › ▢ Metrics
      - › ▢ Monitor
      - › ▢ NewFiles
      - › ▢ Otd
      - › ▢ PointCache
      - › ▢ PowerGuide
      - › ▢ Prompts
      - ▢ Records
      - ▢ ScreenShot
      - ▢ Segment_List
      - ▢ Segments
      - ▢ Settings
      - ▢ SID
      - › ▢ Sports
      - › ▢ SQL
      - ▢ Summary
      - ▢ Text
      - › ▢ TLG
      - ▢ Totals

„Trainings und Planung" > Garmin-Coach-Pläne > ✿ > Plan beenden > Edge synchronisieren).

- Im „ScreenShot"-Ordner findest Du die Display-Aufnahmen, falls Du diese „ScreenShot"-Funktion im Edge ≡ Menü > System > Anzeige aktiviert hast.

Alle anderen Ordner rührst Du am besten gar nicht erst an. Über die genannten Ordner kannst Du frei verfügen. Sogar das Löschen dieser Ordner beeinflusst den Betrieb des Edge nicht. Gelöschte Ordner werden selbstständig neu erstellt, sobald das Gerät eingeschaltet bzw. im Gerät die entsprechende Aktion ausgeführt wird. Es gehen dabei lediglich Deine eigenen Dateien verloren. Bei Bedarf können fehlende Ordner am PC mittels Arbeitsplatz-Explorer selbst erstellt werden: Rechter Mausklick > Neu > „Ordner" (Ordner korrekt benennen).

# Fertige Touren von anderen verwenden

## Touren in Garmin Connect suchen

Genauso wie wir uns das bereits am Handy in der Garmin Connect Mobile-App angesehen haben, können wir das Garmin Connect-Portal ebenso am heimischen PC nutzen, um darin nach Strecken zu suchen, die bereits andere aufgezeichnet und veröffentlicht haben.

Öffne dazu entweder an Deinem PC das Manager-Tool „Garmin Express" und klicke dort auf das Feld „…Connect/Zeigen Sie Ihre Aktivitäten bei Garmin Connect an", woraufhin sich Dein Browser öffnet und in Dein Trainingskonto automatisch einwählt.

Oder öffne Deinen Browser, tippe „https://connect.garmin.com" in die Adresszeile und melde Dich mit Deinem Benutzernamen und Passwort an.

Dein Benutzerkonto begrüßt Dich mit der Startseite. Wähle hier in der Menüspalte die Gruppe „Training und Planung" und dort „Strecken".

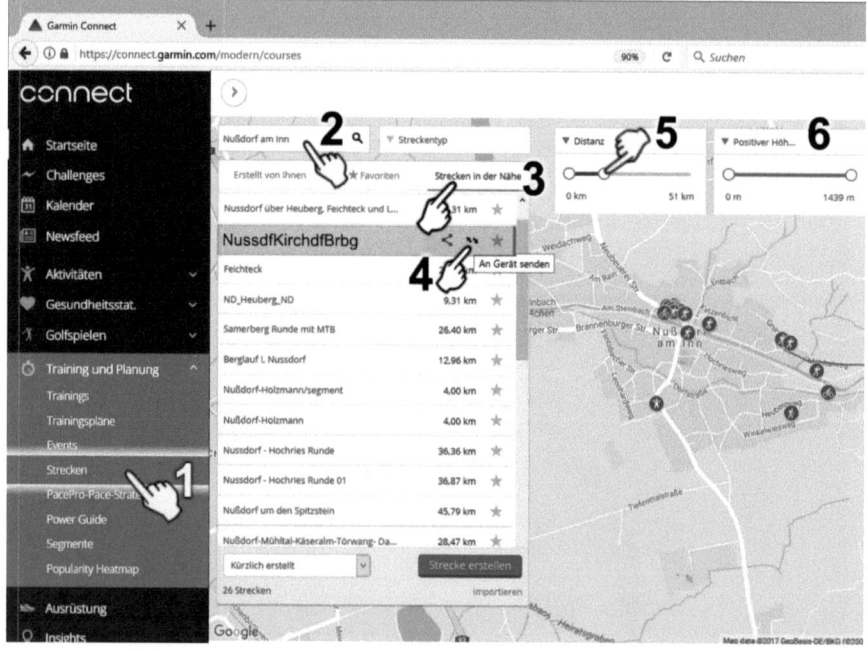

Abbildung 3-10 Nach fertigen Strecken in Garmin Connect suchen

Auf der sich öffnenden Seite schiebst Du die Karte an den Ort Deiner Suche oder schreibst in das Eingabefeld „Ort"(2) einen Ortsnamen der gewünschten Region. Des Weiteren kannst Du die Suche auch nach Distanz (5) und Aufstiegsmetern (6) näher eingrenzen. Klicke letztendlich auf die Lupe, um die Suche zu starten.

Die zur Auswahl stehenden Strecken werden daraufhin in der Liste auf der Registerkarte „Strecken in der Nähe" (3) aufgelistet sowie mit dessen Startpunkt-Markierungen in der Karte angezeigt. Führe den Mauszeiger über eine dieser blauen Markierungen in der Karte, um den Streckenverlauf gezeigt zu bekommen. Durch Anklicken der blauen Markierung in der Karte oder des Streckennamens in der Liste werden Dir die Details zu dieser Strecke gezeigt.

Hier findest Du dann unter anderem das Höhenprofil und den Button: „An Gerät senden". Damit überträgst Du diese Strecke an den Edge per USB-Kabel oder WLAN bzw. per Bluetooth mit der nächsten Synchronisierung des Handys.

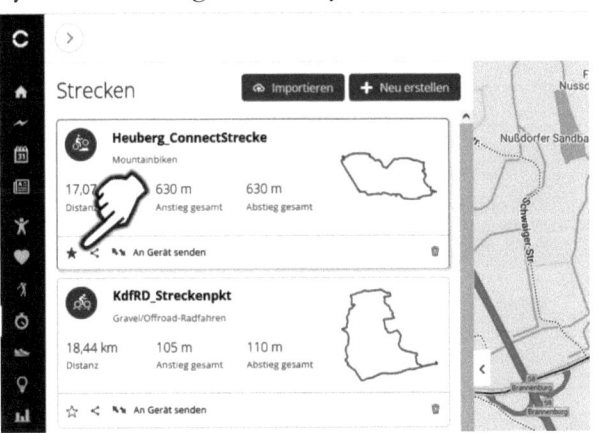

**Abbildung 3-11** Strecken als Favorit markieren

Durch die Markierung des grauen Stern-Symbols, welches sich dann zu Gelb-Orange färbt, kannst Du mehrere Strecken vormerken, die Du dann auf der benachbarten Registerkarte „Favoriten" wiederfindest und so auch in der Connect Mobile-App am Handy abrufen und per Bluetooth-Verbindung an den Edge übertragen könntest, ohne dort nochmals die Suche starten zu müssen.

Im Edge findest Du die gesendete Strecke/n wie gewohnt auf der Startseite: Navigation > Strecken.

## Touren aus dem „Netz"

Im World Wide Web ist das Tourenangebot natürlich unermesslich groß. Denn da existieren inzwischen unendlich viele GPS-Tourenportale und sonstige Seiten, auf denen die GPS-Daten von bereits abgefahrenen Touren zum Download bereitliegen, wie z.B. unsere eigenen GPS-Downloadseiten: www.red-bike.de/gps

Hilfreich ist auf solchen Downloadseiten immer eine kurze Beschreibung, Kartenansicht, Höhenprofil und der Link in die kostenlose Google Earth-Version. Somit kann man sich einen genauen Eindruck über viele Details verschaffen, bevor man sich für den Download entscheidet.

Unsere GPS-Daten haben wir für einen unkomplizierten Download im ZIP-Ordner verpackt, welchen Du nach dem Abspeichern auf Deiner Festplatte mit der rechten Maustaste anklicken und entpacken lassen musst („Alle extrahieren" wählen).

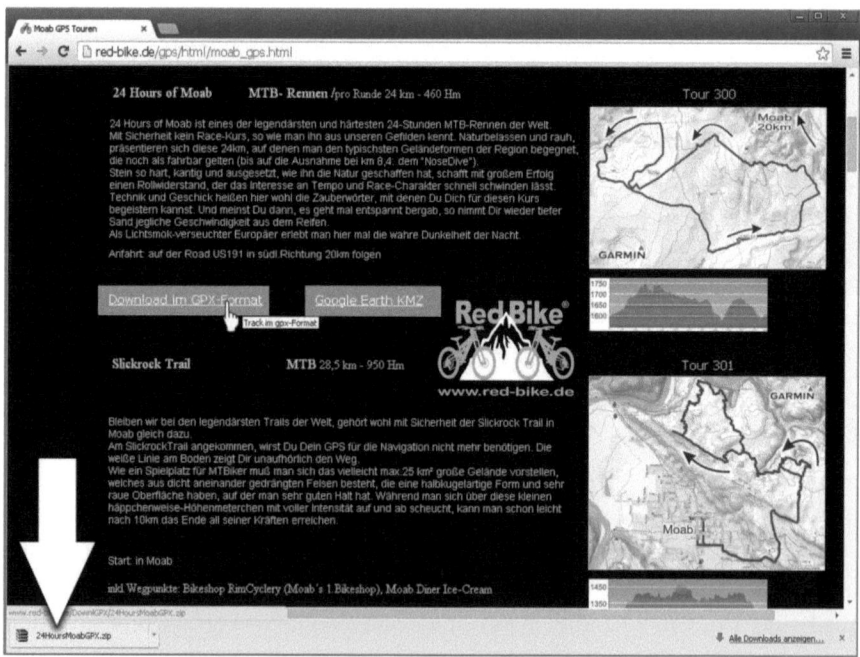

Abbildung 3-12 GPS Tourenportal www.red-bike.de/gps

Nach dem Entpacken liegt eine Datei, z.B. „Mustertrack.gpx", im gleichen Ordner auf Deiner Festplatte. Diese klickst Du mit der linken Maustaste an und ziehst sie in den „NewFiles"-Ordner des Edge-Gerätespeichers wie im folgenden Unterkapitel „Daten per Arbeitsplatz-Explorer zum Edge senden" beschrieben.

**Andere** GPS-Downloadportale bieten eine Vielzahl verschiedener Dateiformate an, in welchen man sich den Track letztendlich herunterladen kann. Die Garmin Sport- und Outdoor-Geräte sowie sehr viele GPS-Programme arbeiten mit dem universellen GPX-Format. Sobald Du also den Download für das GPX-Format gefunden und angeklickt hast, sollte der Download starten oder sich ein kleines Dialogfenster öffnen, worin Du die Auswahl zum Speichern findest.

<u>Alltrails.com</u> (ehemals GPSies.com) ist ein sehr umfangreiches GPS-Tourenportal für sämtliche Aufgaben rund um die Nutzung Deines GPS-Empfängers. Hier hast Du folgende Möglichkeiten:

- Eigene Touren hochzuladen und zu veröffentlichen,

- Nach Touren weltweit zu suchen und herunterzuladen,

- Tracks online zu zeichnen,

und

- <u>GPS-Dateien umzuwandeln.</u> Das ist einfach immer dann notwendig, wenn die GPS-Daten einer wunderschönen Tour nur in einem Datei-Format vorliegen, welches Dein Edge nicht verarbeiten kann. Dann wählst Du den „Routenkonverter" (ganz unten in der Webseitennavigation) > lädst Deine Tour hier hoch und konvertierst diese zu „Strecke/Route als „GPX-**Track**". Nach dem Umwandeln wandert diese Datei automatisch in den Download-Ordner Deines PCs.

Weitere große <u>GPS-Tourenportale</u> sind z.B. **www.komoot.de**, **www.gps-tour.info, www.outdooractive.com** (besonders für Skitouren hilfreich), welche ebenso eine umfangreiche weltweite GPS-Tourenauswahl bieten. Aber auch auf den Webseiten sämtlicher Tourismusverbände tauchen immer mehr GPS-Daten von Touren aus deren Region zum kostenlosen Herunterladen auf.

➜ Vertraue jedoch nicht blind dem bereitgestellten Material. Manchmal können diese Touren genauso nur gezeichnet worden, also in der Praxis noch gar nicht getestet worden sein. Oft wurden sie auch nicht nachbearbeitet (von Verfahrwegen oder Luftlinien nicht ausgesäubert). Es empfiehlt sich daher immer, die Datei zuerst in der eigenen GPS-Kartensoftware am PC anzusehen, evtl. nachzubearbeiten (den Startpunkt an die von Dir benötigte Stelle zu verlegen) und erst dann in das GPS-Gerät zu packen.

In Ausnahmefällen werden auch Routen zum Download bereitgestellt. Doch Achtung: Da ja eine Route nie die Aufzeichnung von einem GPS-Gerät ist, sondern nur aus den Zwischenzielen besteht, kann man unterwegs Gefahr laufen, der empfohlenen Tour gar nicht genau folgen zu können. Denn die Route wird ja vom Edge auf der darin verwendeten Karte neu berechnet.

Bei Alltrails.com ist es nun aber auch noch möglich, im Download-Prozess den angebotenen Track in eine Route umzuwandeln und herunterzuladen. Vermeide dies! Denn dabei werden die Trackpunkte in Zwischenziele für eine Route umgewandelt und in Form von Wegpunkten auf der Karte dargestellt. Man würde also zum einen die Tour vor lauter Wegpunktfähnchen in der Karte kaum sehen können, zum anderen bürdet man dem Gerät so unnötig und sinnlos viel Rechenarbeit auf, dass man sich nicht wundern muss, dass die Berechnung gefühlt „Jahre" dauert oder es die Arbeit sogar verweigert. Denn eine Route wird von der Gerätesoftware automatisch auf Straßen und Wegen berechnet und benötigt niemals so viele Zwischenziele wie ein Track Trackpunkte hat.

Nach wie vor gilt also:
Downloads, die als Track bereitgestellt wurden, sollten nicht in Routen umgewandelt werden! Denn dadurch ist nicht mehr sichergestellt, dass man dem ursprünglichen Tourenverlauf folgt. ⬅

# Daten per Arbeitsplatz-Explorer zum Edge senden

Man muss keineswegs eine GPS-Software (wie z.B. BaseCamp) verwenden, um GPS-Daten von der Computerfestplatte in den Edge zu laden. Denn Strecken, Wegpunkte und sonstige Dateien können auch mit der ganz normalen Drag- & Drop-Kopierfunktion von der Computerfestplatte in den Gerätespeicher des Edge kopiert werden.

Schließe den Edge per USB-Kabel an den PC an und warte bis dieses externe Laufwerk automatisch erkannt wird. Im Normalfall öffnet sich automatisch das Arbeitsplatz-Explorer Fenster des Edge 1050 wo dessen interner Speicher „Internal Stroage" zu sehen ist.

Wenn nicht, öffne den Windows Arbeitsplatz-Explorer über „Start" > „Explorer" und wähle „Dieser PC" in der linken Spalte.

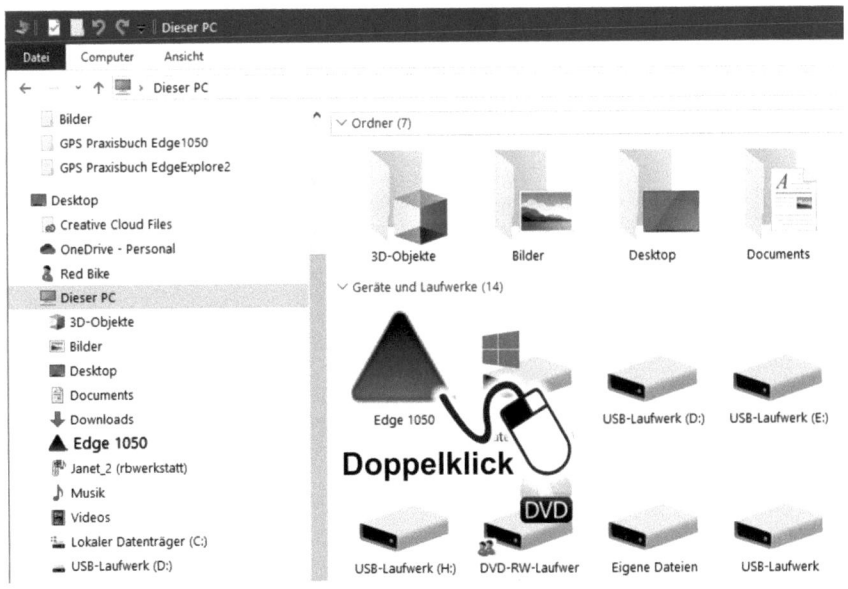

**Abbildung 3-13**   Windows-Explorer: PC Arbeitsplatz

**Datenübertragung – So geht´s:** Klicke in der linken Ordnerliste auf den Namen des Ordners, in welchem Du den gespeicherten Track bzw. Strecke auf Deiner PC-Festplatte abgelegt hast. Es erscheint im rechten Fensterteil der gesamte Inhalt des links angeklickten Ordners. Du solltest nun also rechts die gespeicherte Track-Datei sehen, die den Track beinhaltet, den Du zum Edge senden möchtest (folgendes Bild).

In der linken Ordnerliste scrollst Du nun bitte bis zum erkannten Gerät „Edge 1050" und klickst mit der linken Maustaste auf das kleine Dreieck **vor** dem Gerätenamen, dann noch einmal auf das Dreieck **vor** „Internal Storage" und wiederum auf das Dreieck **vor** dessen „Garmin"-Ordner, so dass Du den für uns wichtigen „NewFiles"-Ordner sehen kannst:

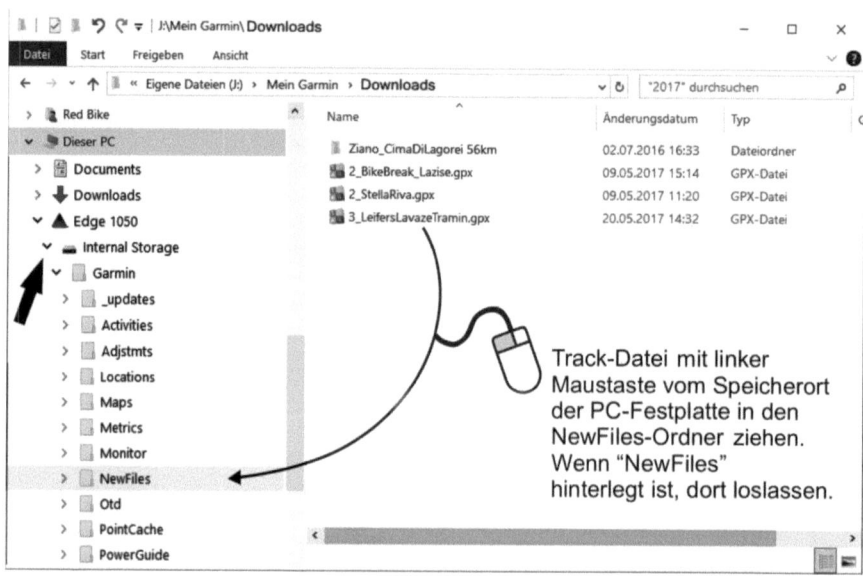

**Abbildung 3-14** Track als GPX-Datei in NewFiles-Ordner des Edge Geräte-speichers kopieren

Klicke nun im rechten Fensterteil den Track (die GPX-, FIT- oder TCX-Datei) mit der linken Maustaste an, halte während der gesamten Aktion zusätzlich die „Strg"-Taste Deiner PC-Tastatur gedrückt (Kopieren-Funktion), ziehe mit gehaltener Maustaste den Track in die linke Spalte genau auf den „NewFiles"-Ordner, so dass die Zeile farbig hinterlegt ist, und lass genau an dieser Stelle los, die „Strg"-Taste auch. (Dieselbe Aktion erzielst Du natürlich auch mit der Kopieren- und Einfügen-Funktion aus dem Kontextmenü des rechten Mausklicks auf die Datei.) Fertig!

Zur Überprüfung klicke nun in der linken Liste auf die Bezeichnung „NewFiles", dessen Inhalt im rechten Fenster angezeigt wird. Nun solltest Du dort die kopierte GPX-Datei finden. Bei Gerätestart wird diese Datei vom Edge verarbeitet und verschwindet aus diesem Ordner. Steckst Du also Deinen Edge das nächste Mal am PC an, wirst Du die gerade kopierte GPX-Datei hier nicht mehr finden. Stattdessen liegt sie dann als umgewandelte FIT-Datei im „Courses"-Ordner, wenn es eine Strecke/Track oder Route war.)

Löse dann den Edge vom USB-Kabel, woraufhin sich der Edge einschaltet und die Startseite zeigt.

Der Track bzw. die Strecke befindet sich nun zwar im Edge-Gerätespeicher, wird in der normalen Kartendarstellung jedoch erst dann angezeigt, wenn dieser mit „Los!" gestartet oder in seinen Einstellungen als „Immer anzeigen" sichtbar geschaltet wurde.

➜ Der Name der übertragenen GPX-, FIT-, TCX-Datei hat nichts mit dem Namen des Tracks zu tun, der dann im Edge im „Strecken"-Ordner angezeigt wird. Denn dort ist der Name des Tracks zu finden, wie er beim Erstellen oder Bearbeiten in der Kartensoftware vergeben wurde. Packe besser immer nur 1 Track/Strecke, maximal noch die dazugehörige Optionsstrecke und Wegpunkte in eine GPX-Datei, welche Du in den Edge kopierst! Beim Senden mehrerer Elemente musst Du immer kontrollieren, ob im Edge alles angekommen ist.⬅

Der für Tourenmaterial zur Verfügung stehende Trackspeicherplatz verkraftet 100 Strecken. Das wäre ausreichend, um den Gerätespeicher richtig zuzumüllen. Um jedoch die eigene Übersicht zu wahren, ist es natürlich von Vorteil hier immer nur das im Speicher zu behalten, was wirklich noch benötigt wird.

# Touren selbst planen und zeichnen am heimischen PC

### Zeichnen in Garmin Connect

Ähnlich wie am Handy kannst Du natürlich auch am PC in Deinem Garmin Connect-Benutzerkonto mit den kostenlosen Karten- und Satellitenbildern von Bing, Google oder OpenStreetMap und den gesammelten Streckendaten von Garmin Touren selbst erstellen.

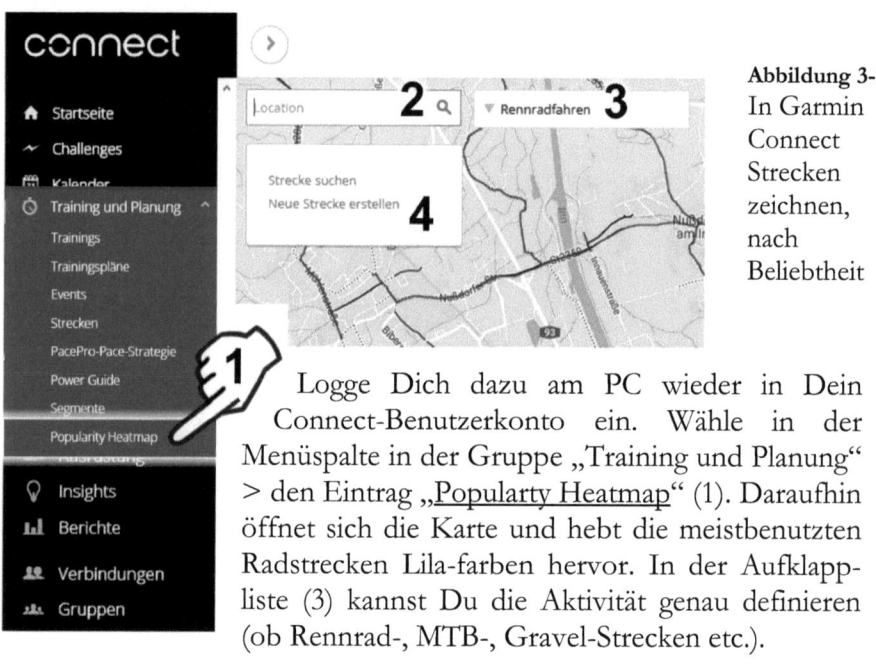

Abbildung 3-15
In Garmin Connect Strecken zeichnen, nach Beliebtheit

Logge Dich dazu am PC wieder in Dein Connect-Benutzerkonto ein. Wähle in der Menüspalte in der Gruppe „Training und Planung" > den Eintrag „Popularty Heatmap" (1). Daraufhin öffnet sich die Karte und hebt die meistbenutzten Radstrecken Lila-farben hervor. In der Aufklappliste (3) kannst Du die Aktivität genau definieren (ob Rennrad-, MTB-, Gravel-Strecken etc.).

Wähle dann „Neue Strecke erstellen" (4) und folge den Anweisungen. Klicke in der Karte auf die von Dir gewünschten Wege, so dass eine geeignete Tour entsteht.

Hast Du am Ende Deiner Planung den „Neue Strecke speichern"-Button angeklickt, erscheint dann auch der Button „An Gerät senden". Im Menü ••• findest Du auch die Möglichkeit „Als GPX herunterladen", um die gezeichnete Strecke selbst irgendwo abzuspeichern, jemandem zu schicken oder vielleicht in einer Software wie z.B. BaseCamp weiterzubearbeiten.

# Zeichnen im Online-Portal „Komoot"

Mit der Desktop (PC)-Version des Komoot Tourenportals
https://www.komoot.de/
kannst Du ähnlich der App für Handy und Tablet (siehe Seite 131), am
PC-Monitor wesentlich übersichtlicher und detaillierter Touren mit
dem bereitgestellten Karten- und Streckenmaterial erstellen.
Logge Dich mit Deinen Benutzerdaten ein und wähle „Touren" >
„+Eigene Tour". Schreibe den Startort Deiner Tour in das „Suchen"-
Feld. In der Karte werden Dir dann beliebte Streckenabschnitte und
andere Highlights hervorgehoben, die Du durch Anklicken „Der Tour
hinzufügen" kannst. Vergrößere Dir die Ansicht so, dass Du auf den
Wegen die Schwierigkeit der Single-Trail Skala sehen kannst. (Damit
sind nur Pfade gekennzeichnet.) So findest Du recht einfach die besten
Wege für Deine Tour. Am Ende wählst Du „Tour speichern" und im
Anschluss „an das GPS-Gerät senden" (automatisch über Garmin
Connect und Bluetooth des Handys) oder „für GPS-Gerät
herunterladen" (in den Downloads-Ordner am PC). Die auf den PC
heruntergeladene GPX-Datei sendest Du wie auf Seite 158 beschrieben
an Deinen Edge.

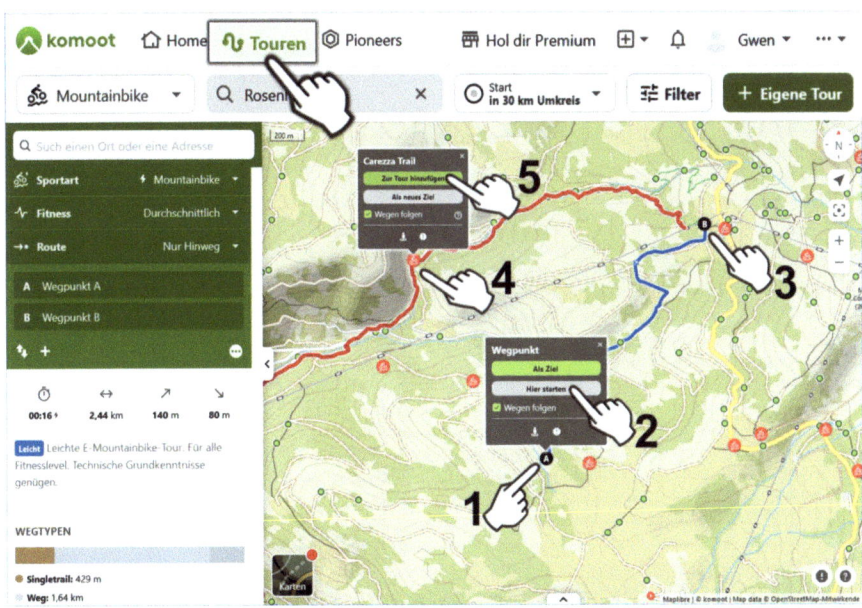

**Abbildung 3-16** Komoot Routenplaner

## Planung in Google Earth (am PC)

Wenn man sich nun zuallererst einmal überlegen möchte, wo die nächste Tour stattfinden soll, dann ist „GoogleEarth" sicher eine gute Hilfe. Diese Weltkarte aus Satellitenbildern gibt es als kostenlose Version https://www.google.de/intl/de/earth/ , die allen privaten Belangen rund um die Planung und Sammlung von GPS-Touren vollkommen gerecht wird. Auch oder gerade für mehrtägige Unternehmungen kann man sich hier zuerst einmal einen sehr guten Überblick verschaffen, welche Region sich z.B. für den Aktiv-Urlaub eignet, wobei aber auch auf Strandlage nicht verzichtet werden soll. Bis auf jedes einzelne Hotel kann man hinunter zoomen und sich eben auch gleich ansehen, ob sich bergiges Hinterland in der Nähe befindet. Hier stößt man gleichzeitig auf einige Fotos, welche die Umgebung noch besser darstellen. Zum Zeichnen eines Tracks ist GoogleEarth nur bedingt geeignet, da man im Satellitenbild die Wege kaum durchgängig erkennen, geschweige denn einschätzen kann. Schnell ist der vermeintliche Weg in Wahrheit ein Flussbett oder sowieso vom Wald verschluckt.

**Abbildung 3-17** Track zeichnen in Google Earth

In Hochlagen kann man schon eher Glück haben und Alm-Wege gut nachzeichnen. Zum endgültigen Erstellen der Tour sollte man jedoch genaueres Kartenmaterial verwenden.

Wenn Du es in Google Earth trotzdem probieren möchtest (sei es nur zur Markierung einer bestimmten Umgebung), so beginne mit dem Werkzeug „Pfad hinzufügen" aus der Werkzeugleiste über der Kartenansicht. Es öffnen sich die Track-Eigenschaften. Hier kann man nun dem Track einen Namen geben sowie die Linienstärke und -farbe verändern. Während des Zeichnens muss das Eigenschaftsfenster geöffnet bleiben. Klicke es daher am oberen Rand an und schiebe es mit gehaltener Maustaste einfach nach unten oder zur Seite weg, dorthin wo es Dich nicht stört. Klicke nun mit dem zum Zeichenstift verwandelten Mauszeiger auf dem erkennbaren Weg im Satellitenbild entlang.

Ist Dein Track fertig, schließe das Track-Eigenschaftsfenster mit „OK". Den gezeichneten Track findest Du nun in der Liste links neben der Kartenansicht. Um diesen Track schließlich im Edge zu verwenden bzw. mit der Garmin Kartensoftware weiter zu bearbeiten, speicherst Du ihn erst einmal auf Deinem Rechner ab: Track in der Liste mit rechter Maustaste anklicken. Im erscheinenden Maus-Kontextmenü „Ort speichern unter…" wählen. Als einziges Dateiformat werden hier nur die GoogleEarth-eigenen <u>Formate „KMZ"</u> <u>und „KML"</u> zugelassen. Das macht aber nichts. Speichere Deinen gezeichneten Track im „KMZ"-Format auf Deiner Festplatte ab. (KMZ ist die komprimierte, gepackte Form einer KML-Datei.) Mit der Garmin BaseCamp-Software kannst Du das GoogleEarth Trackformat problemlos öffnen und weiterbearbeiten oder eben an den Edge übertragen.

In BaseCamp kannst Du Deine GPS-Aufzeichnungen auch als KML-Datei abspeichern (siehe Seite 183), damit Du diese mit einem Doppelklick mit der GoogleEarth-Anwendung öffnen kannst. Ziehe die neu importierten Elemente in der linken Spalte von „Temporäre Orte" nach oben in den Ordner „Meine Orte". So kannst Du irgendwann einmal sehen, wo Du schon überall gewesen bist. „Meine Orte" solltest Du Dir natürlich von Zeit zu Zeit als KMZ-Datei abspeichern.

## Zeichnen in Garmin BaseCamp (am PC)

Diese Kartensoftware zählt nun leider zu den auslaufenden Produkten. Man kann die Software zwar weiterhin kostenlos herunterladen, sie wird aber nicht mehr weiterentwickelt und an neuere Geräte nicht angepasst. Möchtest Du trotzdem Deine Touren lokal am eigenen Rechner zeichnen, bearbeiten und verwalten, dann ist hier meine Anleitung dazu:

Lade Dir die BaseCamp-Software von der Garmin-Webseite herunter: https://www.garmin.com/de-DE/shop/downloads/basecamp und installiere sie auf Deinem Computer. Schließe Deinen Edge per USB-Kabel an und warte bis der erstmalige, etwas länger dauernde Lesevorgang der vielen vorinstallierten Kartenteile abgeschlossen ist. Das ist an den grünen Ladebalken unter dem erkannten Gerät, in der Spalte links neben dem Kartenfenster zu erkennen.

Solltest Du jetzt nicht solange warten können und sowieso eigenes Garmin Kartenmaterial am PC besitzen, kannst Du das Laden nicht-benötigter Kartenteilen mit einem rechten Mausklick und der Kontextmenü-Auswahl „Abbrechen" beenden. Das im Edge installierte Kartenmaterial kannst Du zwar zum Zeichnen verwenden, allerdings bietet es nicht sonderlich gute Weginformationen und auch kein Höhenprofil.

Mit der Garmin TOPO Alps PRO (ist zwar kostenpflichtig, lohnt sich als MTBiker im Alpenbereich aber auf jeden Fall) erhält man hier einen guten Eindruck über die Wegbeschaffenheit und kann die Gelände-neigung von Streckenabschnitten im Detail betrachten. Am Ende lade ich die entworfene Tour auch gern in das Komoot-Portal hoch, weil dort auch etliche hochwertige Infos zur Wegbeschaffenheit, evtl. besser fahrbare Teilstücke, Fotos und relativ aktuelle Hinweise von anderen Nutzern zu finden sind. Wenn dann noch Unsicherheit besteht, nutze ich auch „Google Earth", um mir fragwürdige Stellen aus der Vogelperspektive anzusehen. Klingt zwar aufwendig, garantiert aber für einen entspannten Tag auf dem MTB mit einer sicher fahrbaren und traumhaften Tour.

**Abbildung 3-18**
Kartenlesevorgang

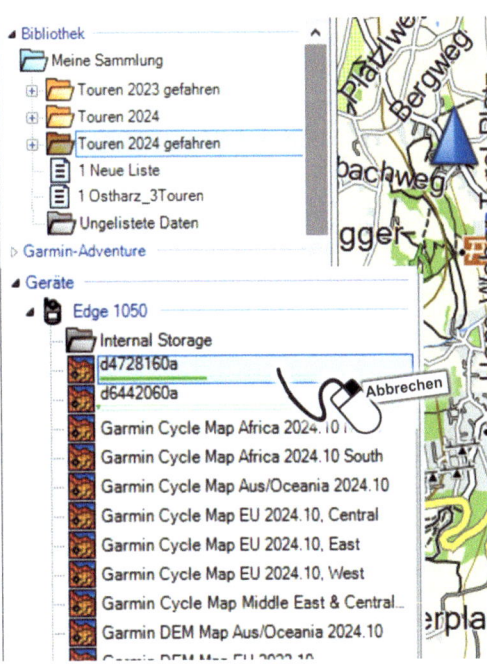

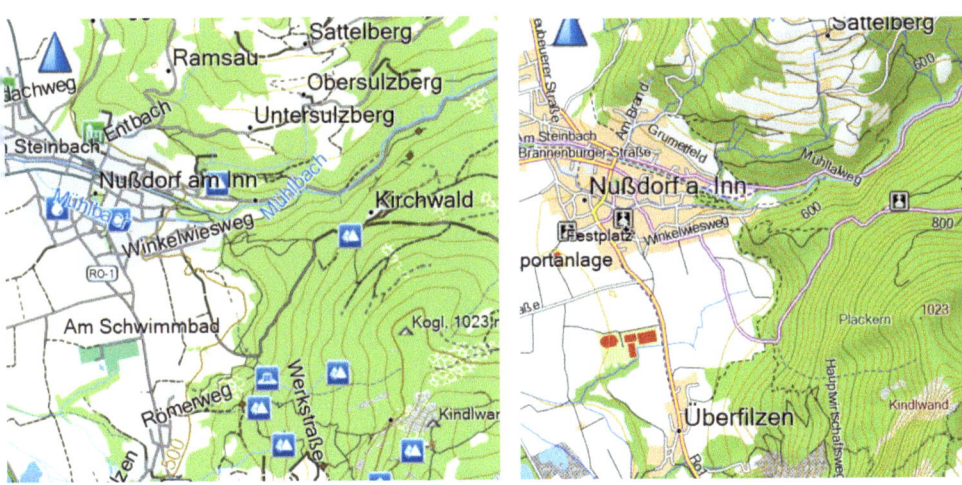

**Abbildung 3-19** links: Garmin Cycle Map / rechts: TOPO TransAlpin+PRO hebt z.B. Fahrradwege Lila-farben hervor

Beim ersten Öffnen von BaseCamp wirst Du vermutlich die geteilte Kartenansicht vorfinden, in der in einem Fenster die Karte in der 2D-Ansicht und im anderen Fenster in der 3D-Ansicht zu sehen ist. Zum Zeichnen benötigst Du nur die 2D-Darstellung. Also die Ansicht, wie man sie von Papierkarte kennt. Schalte daher über die Menüleiste > Ansicht > Kartenansichten auf „2D-Kartenansicht" um. Kommst Du auch ohne die kleine Übersichtskarte zurecht, kannst Du diese hier ebenfalls ausblenden, indem Du im eben beschriebenen Menü mit der linken Maustaste auf die aktivierte „Über-sichtskarte" klickst, um diese zu deaktivieren.

**Abbildung 3-20**
2D-Karte mit Übersichtskarte

Somit hast Du nun den meisten Platz am PC-Bildschirm, um in der 2D-Ansicht schnell, komfortabel und übersichtlich Touren zu erstellen oder zu bearbeiten.

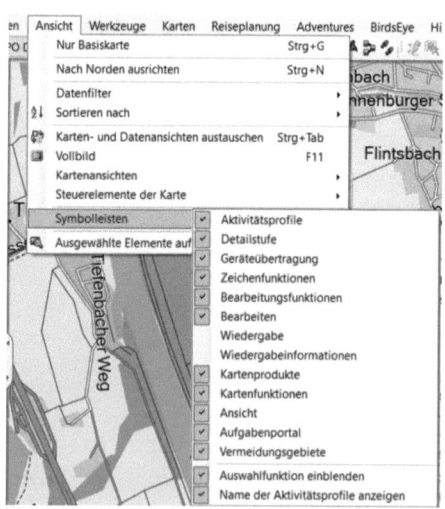

Kontrolliere, ob Dir alle Symbolleisten angezeigt werden. Klicke dazu in der Menüleiste auf „Ansicht" > „Symbolleisten".
Hier sollte alles mit einem Häkchen versehen sein, bis auf die 2 „Wiedergabe"-Leisten, die man wirklich nur dann benötigt, wenn man einen Track als animierte Darstellung betrachten möchte.

**Abbildung 3-21**
Symbolleisten ein-/ ausblenden

➔ <u>PC-Festplatte oder Gerätespeicher des Edge</u> **?**

Klicke links in der „Bibliothek"-Liste auf „Meine Sammlung", um in Deinem Arbeits-Ordner auf der PC Festplatte zu arbeiten.

Klickst Du hingegen in der Liste darunter auf den Namen Deines angeschlossenen Edge, würdest Du direkt in dessen Gerätespeicher arbeiten, z.B. Touren zeichnen. Achte also unbedingt **vor** Beginn einer jeden Zeichnung darauf, welchen Arbeitsordner Du angeklickt hast. Mit der rechten Maustaste kannst Du im PC-Arbeitsordner „Meine Sammlung" weitere Listen oder Listenordner anlegen, z.B. je eine Liste pro Tour, welche alle möglichen optionalen Strecken und wichtige Wegpunkte zu dieser Tour enthält. Im Arbeitsordner Deines Edge geht das nicht. Dort muss die Ordnerstruktur so belassen werden. ⬅

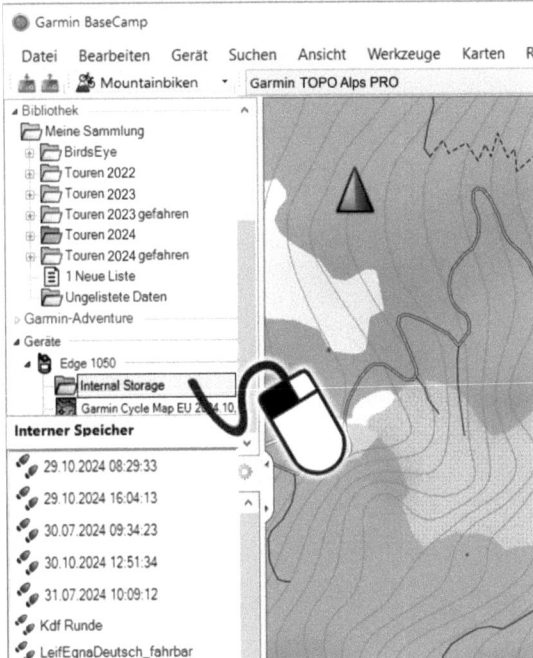

**Abbildung 3-22**  Im Edge-Speicher arbeiten

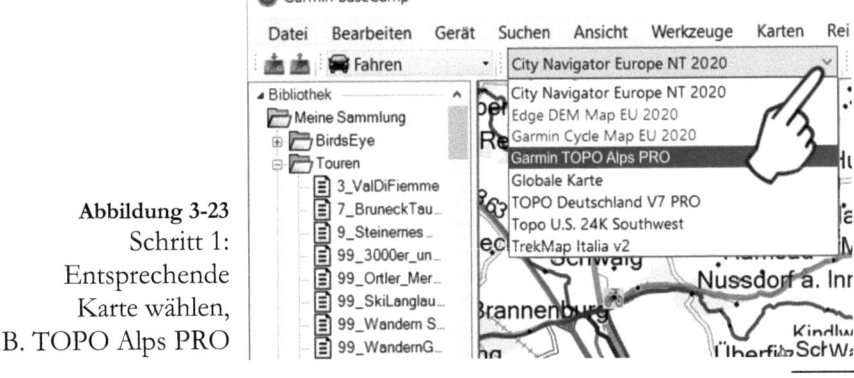

**Abbildung 3-23**
**Schritt 1:**
Entsprechende
Karte wählen,
z.B. TOPO Alps PRO

**1.** Wähle nun als Erstes die Karte in der Du zeichnen möchtest aus der Aufklappliste über dem Kartenfenster, z.B. „Garmin CycleMap EU Central" oder „TOPO Alps PRO".

**2.** Als Nächstes wählen wir natürlich auch gleich das richtige <u>Aktivi-tätsprofil</u> aus. Klappe dazu die Auswahlliste auf, wo in der vorigen Abbildung noch ein Auto mit dem Text „Fahren" zu sehen ist und wähle Deine Aktivität aus, die da z.B. „Mountainbiken" sein soll. Nun können wir nämlich die Routenfunktion nutzen, um schnell eine für das MTB geeignete Tour zu erstellen. Danach gehen wir ins Detail.

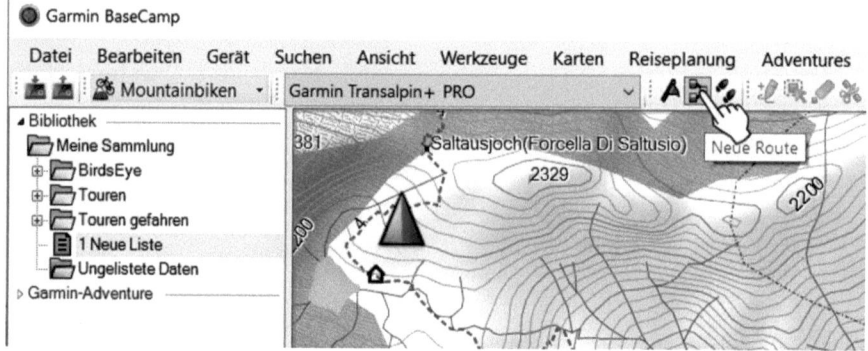

**Abbildung 3-24** Zeichenwerkzeug, z.B. „Neue Route"

Die Werkzeuge zum Zeichnen liegen in der Werkzeugleiste oberhalb der Kartenansicht. Wähle hier das 🔖 Werkzeug zum Erstellen einer neuen Route. Es öffnet sich das „Neue Route"-Fenster, mit dem Du eine Route zwischen 2 Wegpunkten erstellen könntest. Dazu müsstest Du Start- und Endpunkt bereits als Wegpunkte erstellt haben. Da wir aber unsere Tour in der Karte zeichnen wollen, können wir das kleine Dialogfenster gleich wieder schließen und den Mauszeiger in die Karte führen. Setze nun den ersten Mausklick mit dem zum Stift verwandelten Mauszeiger an Deinen Startpunkt und jeden weiteren Mausklick so auf die Wege in der Karte, dass die Software gezwungen ist, den Wegverlauf nach Deinen Vorstellungen zu erstellen. Setze die Abstände Deiner Mausklicks nur so groß, dass Du sofort sehen kannst, dass der Weg zwischen Deinen beiden letzten Mausklicks korrekt verläuft.

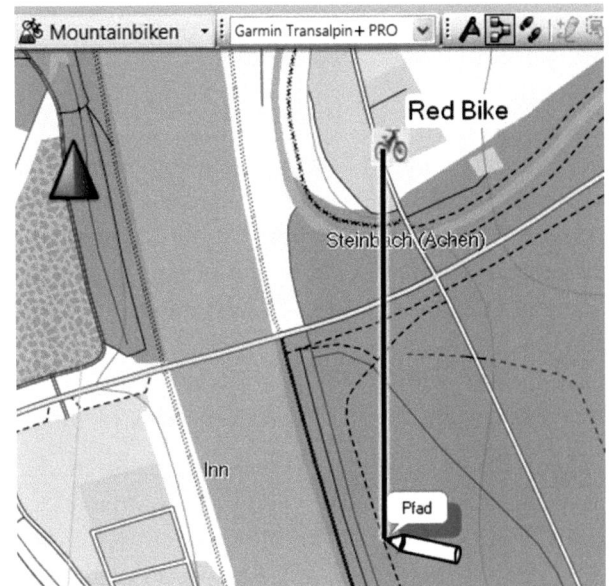

Du ersparst Dir nun also das Nachzeichnen einer jeden Wegbiegung. Denn zwischen den Mausklicks errechnet die BaseCamp-Software den genauen Wegverlauf anhand der ausgewählten Aktivität „Mountainbiken".

**Abbildung 3-25**
Route zeichnen

So zeichnest Du Deine gesamte Tour. Ist der Wegverlauf einmal nicht so entstanden wie Du es wolltest, nutzt Du kurzerhand die  Rückgängig-Funktion aus der Symbolleiste oberhalb der Karte und setzt Deine Wegmarkierung erneut. Deine Zeichnung beendest Du dann mit einem rechten Mausklick.

Nachträglich kannst Du mit den Werkzeugen „Einfügen", „Punkt verschieben" oder „Punkt löschen" Deinen Routenentwurf nochmals anpassen. Die Schere symbolisiert die Zerteilen-Funktion. Denn hat man mehrere Routen entworfen und möchte nun den einen Teil mit dem Teil einer anderen Route zusammenfügen, nutzt man zuerst dieses „Teilen"-Werkzeug zum Abtrennen nicht gewünschter Teilstücke und dann die rechte Maustaste, um die in der linken Objektliste ausgewählten Teile wieder miteinander zu verbinden („Ausgewählte Route(n) zusammenfügen").

**Abbildung 3-26**
Routenteile zusammenfügen

Im unteren Teil der Spalte, links neben dem Kartenfenster, ist nun Deine gezeichnete Route aufgeführt. Wie wir ja gelernt haben basiert die entstandene Wegführung nun nicht ausschließlich auf Deinen Mausklicks, sondern wurde auch anhand diverser Einstellungen und den Grundlagen des Kartenmaterials automatisch berechnet. Egal ob Du Deine Route nun selber verwendest, jemandem geben möchtest oder einfach nur abspeicherst, so ist und bleibt es immer am sichersten, wenn Du die Route zu einem Track umwandelst. Denn ein Track kann eben durch nichts automatisch verändert werden und Du kannst Dir zu 100% sicher sein, dass die gezeichnete Tour in jedem GPS-Gerät und jeder elektronischen Karte am PC auch weiterhin dieselbe bleibt.

Die Umwandlung von einer Route zu einem Track geschieht in der BaseCamp-Software ganz einfach: Klicke mit der rechten Maustaste den Eintrag in der linken Objektliste an und wähle aus dem Kontextmenü: „Track aus ausgewählter Route erstellen". Dadurch gesellt sich ein weiterer Eintrag in Deiner Objektliste hinzu, welcher nun 2 kleine Füße vor dem Namen bekommen hat – das Symbol für einen Track.

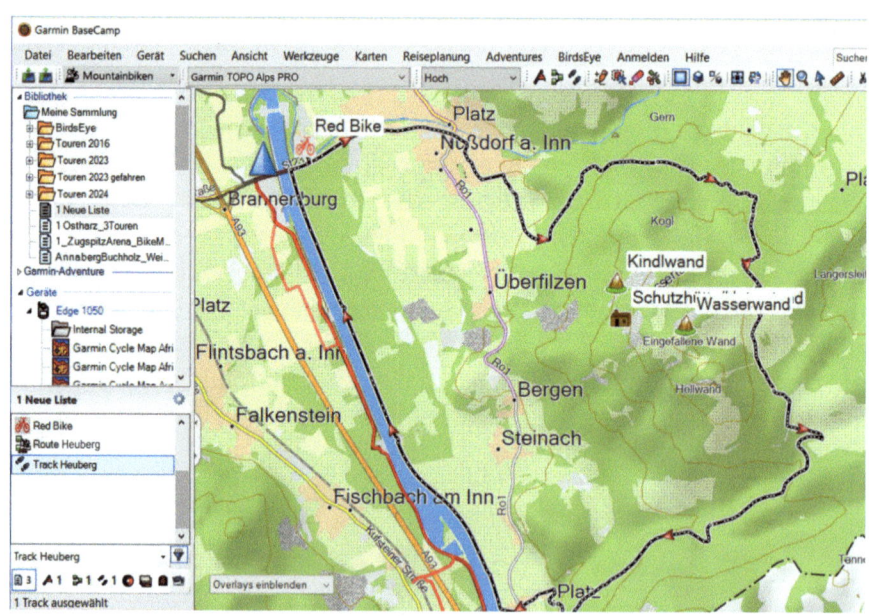

Abbildung 3-27    Track aus ausgewählter Route erstellen

Die Route diente uns also nur als Entwurf, wodurch wir diese nun auch gleich löschen wollen.

➜ In der BaseCamp-Software kannst Du vieles mit der rechten Maustaste erledigen. Um Elemente aus BaseCamp vollständig zu entfernen, klickst Du mit der rechten Maustaste auf das nicht mehr gewünschte Objekt und wählst in dessen Kontextmenü „Löschen". Es gibt aber noch einen ähnlichen Eintrag. Wählst Du nämlich hingegen „Aus der aktuellen Liste entfernen", so wird das Objekt nur aus dieser einen Liste bzw. dem entsprechenden Listenordner von „Meine Sammlung" entfernt, wobei es aber im Gesamt-Ordner „Meine Sammlung" und somit im Ordner „Ungelistete Daten" weiterhin zu finden ist. Dasselbe passiert, wenn man die „ENTF"-Taste der PC-Tastatur verwendet. ◀

Um nun mehr über den gezeichneten Track zu erfahren, klickst Du mit der linken Maustaste doppelt auf den 🐾 Eintrag in der Objektliste. Dadurch wird der Track auch gleichzeitig im Kartenfenster zentriert dargestellt und öffnet das Fenster mit den Track-Eigenschaften. Hierin sind die Übersichtsdaten zu Distanz und bevorstehenden Höhenmetern angegeben, vorausgesetzt: der Track wurde in einer topografischen Garmin-Karte gezeichnet (**nicht** Garmin CycleMap).

So ist im Eigenschaftsfenster auf der Registerkarte „Grafik" das Höhenprofil zu finden. Hier kann man alles wesentlich genauer betrachten.
Fährst Du mit dem Mauszeiger auf der Höhenlinie entlang, wird Dir diese Position gleichzeitig im Kartenfenster angezeigt.

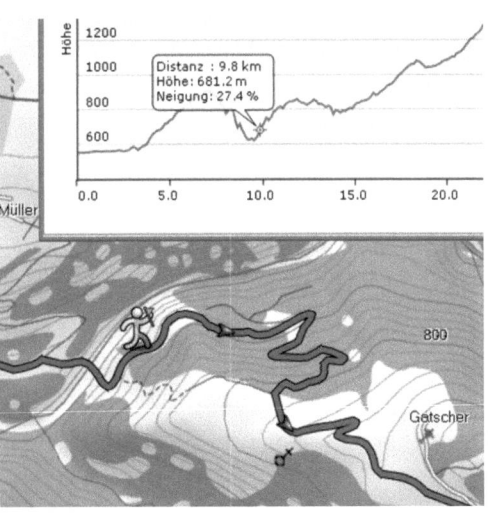

**Abbildung 3-28**
Das Höhenprofil einer topografischen Karte gibt Auskunft über kritische Schlüsselstellen

Fallen Dir nun dadurch besonders steile Abschnitte auf, solltest Du dieses Teilstück des Tracks abändern, bevor Du dann Dein Rad im Gelände ewig schieben musst.

**TIPP**: Am Anfang einer Tourenplanung ist es jedoch meist so, dass der PC-Monitor zu klein ist, um zu sehen wohin man zeichnen muss. Dazu gibt es einen einfachen Trick:

Verwende das Track-Werkzeug und zeichne einfach als Erstes eine Luftlinie, die Deine beabsichtigte Unternehmung grob beschreibt.

Als Zweites wählst Du dann wieder die Routenfunktion zum Zeichnen Deiner tatsächlichen Tour, wobei Du Dich nun im weit hineingezoomten Maßstab an der Luftlinie orientieren kannst.

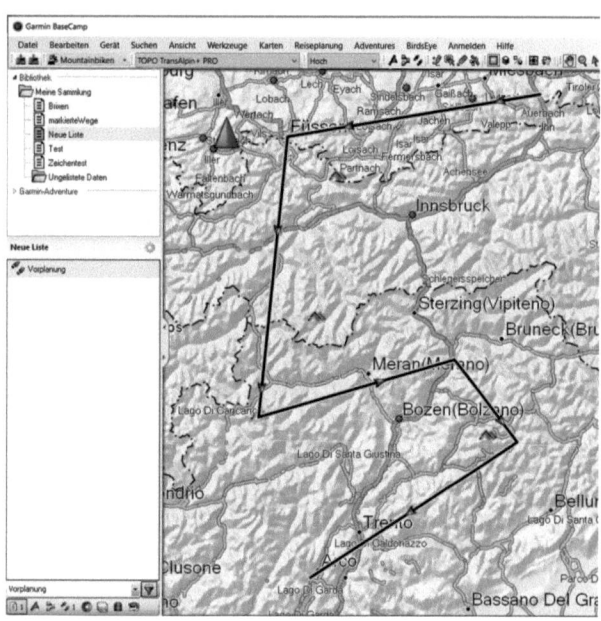

**Abbildung 3-29**  Tour grob vorzeichnen

→  Nicht verwechseln:

- Routen zu Tracks umwandeln ist in Ordnung und erleichtert die Arbeit beim Erstellen ungemein.
- Tracks zu Routen umwandeln macht jedoch keinen Sinn – Finger weg! – ←

Zu Deiner Tourenplanung fügst Du dann noch wichtige Wegpunkte hinzu (Startpunkt, Wasserstellen, evtl. Gipfel), so dass Du diese auch unabhängig von der geplanten Tour im Edge einzeln aufrufen und die Navigation dorthin starten kannst, was z.B. für die Anfahrt zum Startpunkt ja sowieso Sinn macht, aber auch bei unvorhersehbaren Ereignissen unterwegs ebenso wichtig werden könnte.

# Wegpunkte in BaseCamp erstellen

Am PC Wegpunkte zu erstellen kann dafür nützlich sein, weil es unterwegs einfach zu lange dauert im Edge in den Zieleingabe-Kategorien nach einem speziellen Punkt anhand seiner Adresse zu suchen und diese evtl. sogar noch buchstäblich eingeben zu müssen. Da tut man sich am PC schon um ein Vielfaches leichter und wird in der Karte evtl. auch noch andere interessante Orte im geplanten Ausflugsgebiet entdecken.

Für die Erstellung in der BaseCamp-Software aktivierst Du dafür das ⚑ Fähnchen-Werkzeug in der Symbolleiste über dem Kartenfenster und rammst es an der gewünschten Position in die Erde. Sorry: …klickst mit der Maus an den Punkt in der Karte, wo Dein neuer Wegpunkt entstehen soll. Danach öffnest Du durch Doppelklick der linken Maustaste auf den neuen Eintrag in der Objektliste dessen Eigenschaften und vergibst einen beliebigen Namen, evtl. auch ein anderes Symbol. Mehr ist es nicht.

### Die Suchfunktion in BaseCamp

Zusätzlich zur Suchfunktion, die man durch das Ausfüllen des „Suchen"-Eingabefeldes im oberen rechten Fenstereck startet, gibt es eine einfache und schnelle Art der Suche, wenn man weiß in welcher Gegend man einen bestimmten Punkt vermutet:

🖐 ⬆ Wähle das Hand- oder Zeigepfeil-Werkzeug aus der Symbolleiste über dem Kartenfenster und führe den Mauszeiger in die Karte. Klicke dort einmal mit der linken Maustaste, so dass sich ein Eingabefeld öffnet. Tippe dahinein Deinen Suchbegriff, worauf sofort

Abbildung 3-30
Suchbegriff im
Kartenfenster
eingeben

die Suche beginnt. In der sich einblendenden Ergebnisliste kannst Du dann den gewünschten Eintrag mit einem linken Mausklick auswählen und das erscheinende Fähnchen-Symbol anklicken, um aus dem gefundenen Punkt einen Wegpunkt zu erstellen.

## Wegpunkte mittels Koordinaten erstellen

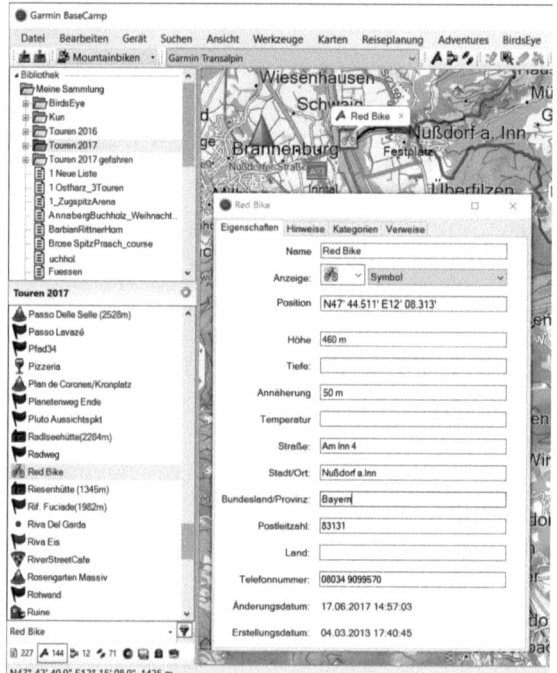

Hier in den Eigenschaften des Wegpunktes kannst Du ebenso in der Zeile „Position" die Zahlen abändern, die Positions**koordinaten** aus einer z.B. Reisebeschreibung eintragen und somit den eben erstellten Wegpunkt doch an eine ganz andere Position verschieben. Die Höhenangabe müsstest Du dann aber ändern, denn die beschreibt noch den ursprünglich gesetzten Punkt.

**Abbildung 3-31** Wegpunkt erstellen in BaseCamp

Falls Du das Positions**format** in BaseCamp ändern möchtest, wählst Du in der Menüleiste: Bearbeiten > Optionen > Registerkarte „Messung" und hier im Feld „Position" >in der Aufklappliste „Gitter" z.B. einen der ziemlich weit oben aufgeführten Einträge „Breite/Länge hddd°mm.mmm′ " oder das Format, welches Du eben benötigst. Das Kartenbezugssystem „WGS84" bleibt bestehen.

Den Track und Deine für die Tour benötigten Wegpunkte markierst Du allesamt in der Objektliste links neben dem Kartenfenster (oder markierst die gesamte Objektliste in der oberen „Bibliothek"-Spalte) und sendest diese Auswahl an den Edge, siehe 2 Seiten weiter „Objekte aus BaseCamp zum Edge übertragen".

Doch halt – noch nicht senden! Ich habe da noch einen besonderen Leckerbissen für lange, anstrengende Touren oder auch Wettkämpfe:

## Streckenpunkte ergänzen

Was Du gerade als wichtige oder interessante Wegpunkte zu Deinem gezeichneten Track in BaseCamp ergänzt hast, wird Dir im Edge auf der Datenseite „Karte" mit Symbolen dargestellt. Diese Wegpunkte können wir zu Streckenpunkten umwandeln, die mit dem Track verknüpft werden und Dir somit stets die aktuelle Entfernung mit Fahrtzeit zu den jeweiligen Punkten anzeigen.

Wenn dann diese Strecke im Edge mit „Los!" zur Navigation aufgerufen wird, erscheint eine zusätzliche Datenseite mit den Streckenpunkten wie hier im Bild. Ich setze mir solche Punkte besonders gern an alle Gipfelpunkte der Tour, so dass ich in der Liste genau sehen kann wie lange es noch bergauf geht. Aber auch Beginn und Ende von fragwürdigen Trails/Schiebepassagen können sehr hilfreich sein, um zu wissen wie lange man noch schieben muss.

Dafür sendest Du nun Deinen Track mit den Wegpunkten **nicht** direkt an den Edge, sondern speicherst diese Elemente gemeinsam in einer GPX-Datei auf Deiner PC-Festplatte ab (in der Objektliste alle Elemente gemeinsam markieren > Menüleiste: Exportieren > „Auswahl exportieren").

Dann öffnest Du Deinen Internet-Browser und tippst die Tourenportal-Adresse „www.alltrails.com" ein. Registriere Dich (kostenlos), wähle auf der sich öffnenden Seite in der Webseitennavigation ganz unten

| Streckenpunkte | |
|---|---|
| ∨  3.65 km | 10:05 |
| ◇  Km 11<br>4.69 km | 12:59 |
| ①  Anstieg Kat. 1<br>6.86 km | 18:59 |
| ΨΙ  Konditor<br>7.66 km | 21:11 |
| ⬌  Brücke<br>8.49 km | 23:29 |
| ✖  Ampel<br>9.61 km | 26:35 |
| 🏁  Streckenende<br>12.20 km | 35:01 |

Abbildung 3-32
Streckenpunkt-Liste

den „Routenkonverter" und rufe Deine GPX-Datei über den Button „Datei hierhin ziehen" von Deiner PC-Festplatte auf. In der Auswahlzeile „Konvertieren zu" wählst Du bei „Strecke/Route" > „Garmin FIT (ANT+)" und klickst schließlich auf den Button „Datei konvertieren". Die umgewandelte Datei wandert dann automatisch in Deinen „Downloads"-Ordner am PC.

### Datei hochladen

Verwende den AllTrails Konverter, um eine Route hochzuladen und sie in ein von uns unterstütztes Dateiformat zu konvertieren.

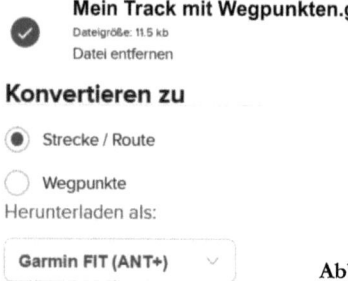

**Mein Track mit Wegpunkten.gpx**
Dateigröße: 11.5 kb
Datei entfernen

### Konvertieren zu

● Strecke / Route

○ Wegpunkte

Herunterladen als:

Garmin FIT (ANT+) ⌄

[ Datei konvertieren ]

**Abbildung 3-33** www.alltrails.com > Konverter Umwandeln eines Tracks mit Wegpunkten zu einer Strecke mit Streckenpunkten

Schließe Deinen Edge dann per USB-Kabel an Deinen PC an. Warte bis sich der Arbeitsplatz-Explorer öffnet. Kopiere die neue ins FIT-Format umgewandelte Datei in den „NewFiles"-Ordner im Garmin-Ordner Deines Edge. Trenne dann den Edge vom PC und wähle auf der Edge Startseite „Navigation" > „Strecken". Hier rufst Du die gesendete Strecke auf, siehst noch einmal in dessen ⋮ Menü nach, ob der Schieberegler bei „Streckenpunkte" eingeschaltet ist und startest die Strecke mit „Los!". Siehe dazu auch noch einmal Kapitel 2/ „Navigation im Überblick", Punkt C 2.

# Objekte aus BaseCamp zum Edge übertragen

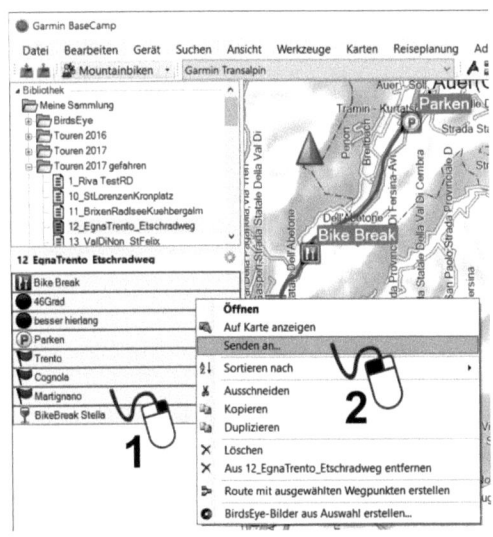

Track zum Edge übertragen

Klicke das zu sendende Objekt (Track, Wegpunkt etc.) mit der rechten Maustaste in der Objektliste an und wähle aus dem Maus-Kontextmenü „Senden an…".

Es öffnet sich ein kleines Dialogfenster, in dem Du nun den Speicherort bestimmen kannst, wo der Track usw. abgelegt werden soll. Also im Gerätespeicher „Internal Storage".

Du kannst auch mehrere Objekte gleichzeitig zum Edge senden. Dazu markierst Du mit gehaltener „Strg"-Taste und linker Maustaste alle zu sendenden Objekte wie z.B. Wegpunkte, Haupttrack und Optional-Track – also  alles was zu dieser Tour gehört – und klickst diese Markierung dann mit der rechten Maustaste an. Im Kontextmenü der Maus wählst Du dann wieder „Senden an…" > „Internal Storage".

Überprüfe nach dem Sendevorgang unbedingt, ob auch alle Objekte im Edge angekommen sind.

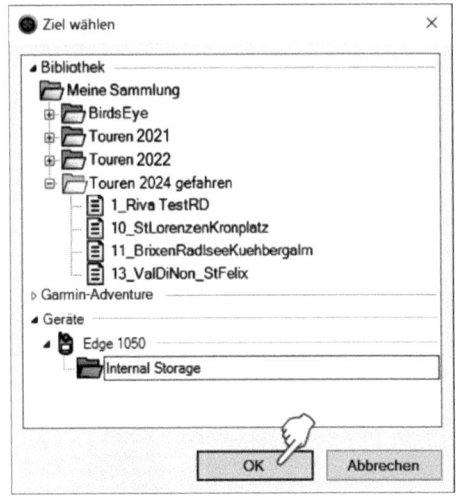

Abbildung 3-35   "Senden an" - Dialogfenster

Zur Vorab-Kontrolle, wenn der Edge noch am Kabel hängt, nützt es auch erst einmal im Arbeitsplatz-Explorer nachzusehen, ob überhaupt eine Datei im Edge „NewFiles"-Ordner angekommen ist. Dort sollte nun nämlich eine „temp.gpx"-Datei liegen. Alles vor der Dateiendung „.gpx" könntest Du im Arbeitsplatz-Explorer beliebig umbenennen, falls es mal Probleme mit einem weiteren Sendeversuch geben sollte.

Diese „Senden an…"-Funktion kannst Du ebenfalls nutzen, um Objekte innerhalb von „Meine Sammlung" von einer Liste in die andere Liste Deiner Bibliothekenspalte zu kopieren. Die übliche „Drag&Drop"-Funktion tut´s aber auch (mit der Maus auf die Liste ziehen und loslassen).

➜  Übertragungsmöglichkeiten für den Edge:

Die Dateien werden in den „NewFiles"-Ordner im Garmin-Ordner des Edge-Gerätespeichers folgendermaßen abgelegt:

- Entweder durch die BaseCamp-Software (Objekt(e) markieren und mit rechtem Mausklick „Senden an…" > „Internal Storage"), wobei die gesendeten GPS-Objekte in eine automatisch benannte Datei in den „NewFiles"-Ordner gelegt werden oder

- Mit der Drag&Drop-Funktion per Arbeitsplatz-Explorer, bei der man jede Datei x-beliebig benennen kann. Auf diese Art können auch Strecken- und Trainingsdateien im FIT- oder TCX-Format in den Edge gelegt werden. ←

## Objekte aus dem Edge entfernen

Möchtest Du GPS-Objekte aus Deinem Edge löschen, so kannst Du das zum einen wie bereits beschrieben direkt am Edge erledigen, indem Du auf der Startseite: „Navigation" > die entsprechende Rubrik (Strecken, Favoriten) wählst und die Elemente dort einzeln löschst.

Zum anderen kannst Du aber auch in der BaseCamp-Software mehrere Wegpunkte gleichzeitig aus dem Edge entfernen: Markiere dort den „Internal Storage" und darin alle Wegpunkte die Du im Edge nicht mehr benötigst mit der linken Maustaste und gleichzeitigem Halten der „Strg"-Taste. Klicke dann mit der rechten Maustaste auf einen der markierten Wegpunkte und wähle aus dem Kontextmenü der Maus „Löschen".

Mit dem Edge aufgezeichnete Strecken (=Aktivitäten) können auf diese Weise **nicht** entfernt werden.

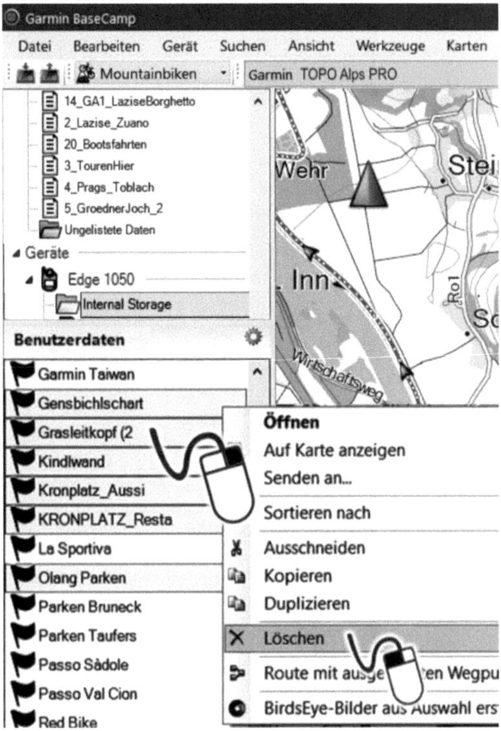

**Abbildung 3-36** In BaseCamp Wegpunkte aus dem Edge entfernen

### Strecken löschen

Öffne mittels Arbeitsplatz-Explorer am PC den Gerätespeicher des Edge: „Garmin" > „Courses". Klicke hier die am Namen erkennbaren, nicht mehr benötigten Strecken im „.fit"-Format mit der rechten Maustaste an und wähle in dessen Kontextmenü „Löschen".

### Aktivitäten löschen

Arbeistplatz-Explorer am PC: Edge > „Garmin" > „Activities". Der Aufzeichnungsspeicher überschreibt automatisch die ältesten Aufzeichnungen und muss daher nicht entleert werden.

# Kapitel 4 - Auswerten, Analysieren & Ziele setzen

Während der Tour hat der Edge nun allerhand Daten gesammelt, auf dessen Auswertung man gespannt sein kann. Bis ins kleinste Detail lassen sich nun diese Aufzeichnungen je nach verwendeter Software zerlegen, analysieren oder einfach nur nachbearbeiten, um sie in einer ordentlichen Qualität für die Ewigkeit abzuspeichern.

## Aufzeichnung in BaseCamp öffnen

Schließe daher Deinen Edge per USB-Kabel am Rechner an und öffne das BaseCamp-Kartenprogramm. Warte bis die Daten aus dem Edge vollständig ausgelesen wurden. Das ist an dem grünen Ladebalken unter dem erkannten Gerät „Internal Storage", in der Spalte links

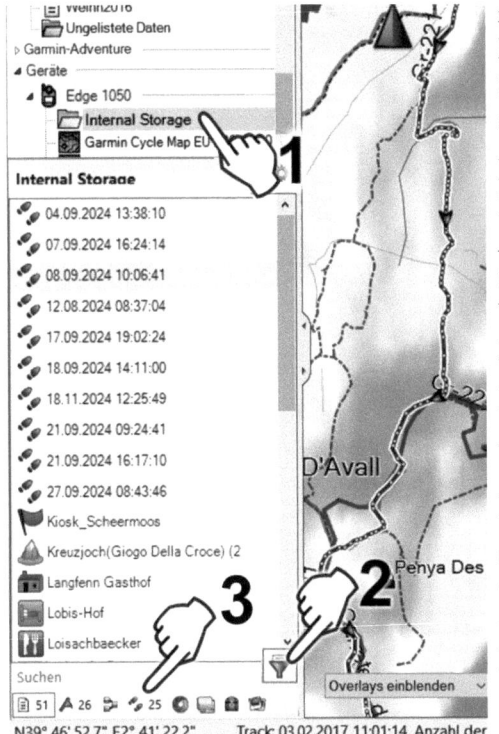

neben dem Kartenfenster zu erkennen. Klicke auf „Internal Storage" (1) (Edge-Gerätespeicher).

In der Objektliste links neben dem Kartenfenster werden nun alle Aufzeichnungen mit Datum und Startuhrzeit sowie gespeicherte Wegpunkte angezeigt, die im Edge liegen.

Mit der Filterfunktion durch Anklicken des Trichter-Buttons (2) am unteren Rand der Objektliste kannst Du Dir einen ganz guten Überblick verschaffen. Somit lassen sich nämlich nur die Strecken (3) oder nur die Wegpunkte anzeigen.

**Abbildung 4-1** Aufzeichnungen in BaseCamp auslesen

Die kleinen Zahlen hinter jedem Symbol stellen die Anzahl der entsprechenden Elemente dar, die im Gerätespeicher liegen. In meinem Bildbeispiel sind es also 26 Wegpunkte und 25 Strecken.

Durch Doppelklick der linken Maustaste auf eine dieser Strecken in der Objektliste (1) lassen sich die Eigenschaften dieser Aufzeichnung öffnen und auf der Registerkarte „Grafik" das Höhenprofil sowie auch die Aufzeichnung von weiteren Sensoren wie <u>Puls</u> oder <u>Temperatur</u> einblenden (2). Führe den Mauszeiger auf der Höhenlinie entlang, so bekommst Du dessen Position auch in der Karte gezeigt.

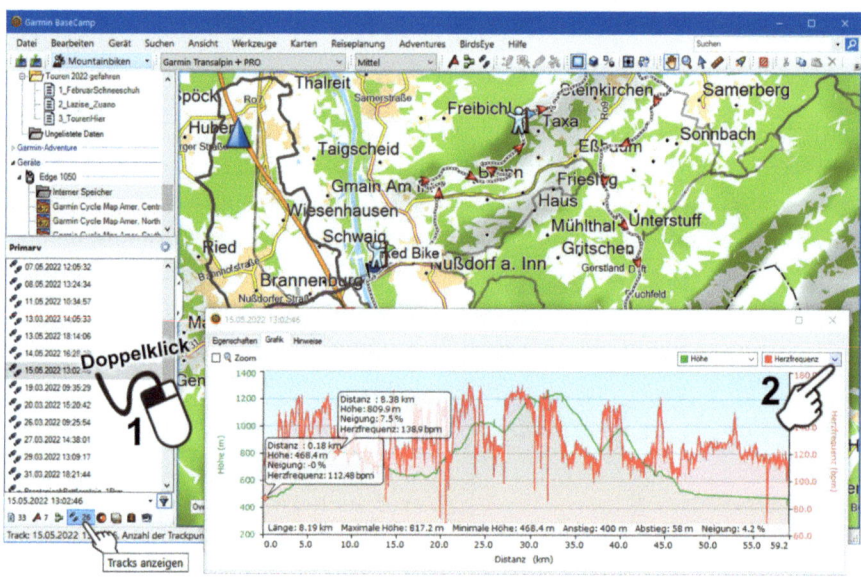

**Abbildung 4-2** Aufzeichnungen direkt aus dem Gerätespeicher auslesen

Die eigenen Aufzeichnungen aus dem Edge können hier allerdings noch nicht sofort durch Anklicken bearbeitet werden, sondern müssen zuerst aus dem Gerätespeicher in die Bibliothek „Meine Sammlung" – also in den Arbeitsspeicher des PCs – kopiert werden. Erst dann kann man die Tour nach Herzenslust verändern. Dazu ist es ganz sinnvoll, wenn Du Dir für jede Tour eine eigene Liste als Unterordner in „Meine Sammlung" anlegst (rechter Mausklick auf „Meine Sammlung">"Neue Liste"). So kannst Du sämtliche Wegpunkte und alles was zu dieser Tour gehört übersichtlich in dieser Liste sammeln und kommst nicht mit anderen Aufzeichnungen durcheinander.

Markiere dazu in der linken Spalte die entsprechende Aufzeichnung und mit gehaltener „Strg"-Taste alle dazugehörigen unterwegs im Edge gespeicherten Wegpunkte. Klicke mit der rechten Maustaste auf die markierten Zeilen und wähle aus dem Maus-Kontextmenü „Senden an". In dem sich öffnenden Dialogfenster wählst Du nun die Liste, die Du für die Nachbearbeitung der Strecke soeben in der „Meine Sammlung"-Bibliothek angelegt hast.

Sobald die Strecke in einer Liste von „Meine Sammlung" liegt, kannst Du nun mit den Bearbeitungswerkzeugen über der Kartenansicht Verfahrwege heraus"radieren", den
Track in Einzelteile schneiden (um Teilstücke zu entfernen und vielleicht mit einer besseren Aufzeichnung zusammenzufügen) oder auch Trackpunkte einfügen, um eventuell eine kleine Umfahrung zu ergänzen.

Am Ende der Nachbearbeitung speicherst Du die gesamte Liste mit allen darin befindlichen GPS-Objekten einer Tour als eine **GPX**-Datei auf Deiner PC-Festplatte oder einem externen Speichermedium mit einem aussagekräftigen Dateinamen ab, wie z.B. „202410_MeineTestRD.gpx". Vermeide dabei Umlaute, Bindestriche, Doppelpunkte und sonstige Sonderzeichen. Unterstriche sind okay.
Dazu markierst Du die gesamte Liste in BaseCamp und wählst über die Menüleiste: Datei > Exportieren > „Listenname exportieren". Auf ähnliche Weise lassen sich aber auch einzelne Objekte exportieren. Dabei ist dann allerdings die Option „Auswahl exportieren" zu wählen.

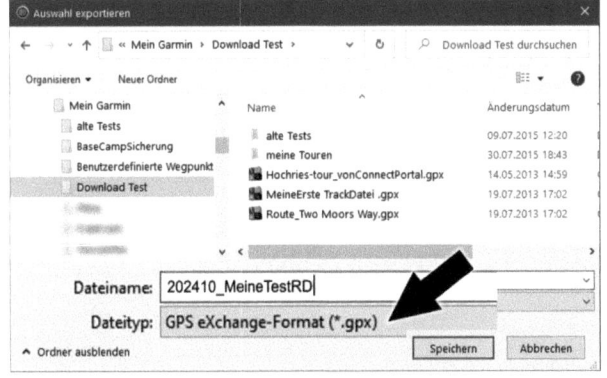

Abbildung 4-3
Dialogfenster zum
Abspeichern von
GPS-Aufzeichnungen

➜  Denn der Gerätespeicher und die Bibliothek in BaseCamp sind kein für die Ewigkeit sicherer Speicherort. Schnell hat man da aus Versehen etwas gelöscht. Außerdem könnten bei einem Programm-/ Systemabsturz sämtliche Aufzeichnungen verloren gehen. ⬅

Die Abspeicherung in dem universellen GPX-Format ist deshalb erst einmal das Beste, da man diese Datei dann auch gleich so wie sie ist im GPS-Gerät oder allmöglichen anderen GPS-Programmen weiterverwenden kann. Die Auswahl des Dateiformates findest Du in dem Dialogfenster in der Zeile „Dateityp", welches sich beim „Exportieren" Deiner Aufzeichnung öffnet.

## Aufzeichnung in Garmin Connect betrachten

Deine mit dem Edge aufgezeichneten GPS- und Fitnessdaten werden automatisch in Dein Connect-Konto hochgeladen, sobald Du:
- die WLAN-Verbindung aktiviert hast,
- die Bluetooth-Verbindung zu Deinem Handy nutzt oder
- den Edge per USB-Kabel mit Deinem PC koppelst und Garmin Express öffnest.

Obwohl wir ja nun doch schon einige Male mit dem Connect-Benutzerkonto gearbeitet hatten, ist es an der Zeit hier einen Überblick zu gewinnen. Logge Dich dazu am PC in Dein Connect-Konto ein:
- Entweder über Garmin Express > dort die „Connect/Zeigen Sie Ihre Aktivitäten …"- Schaltfläche anklicken oder
- Du öffnest den Internet-Browser und tippst dort die folgende Adresse ein: https://connect.garmin.com

Nach dem Einloggen begrüßt Dich die Startseite.
Diese kannst Du Dir mit den Übersichten Deiner Wahl einrichten, die Du auf den ersten Blick sehen möchtest. Klicke dazu auf Dein Profilfoto rechts oben und wähle „**Kontoeinstellungen**" > „Hauptmenü-Einstellungen". Wähle dann „Im Fokus bearbeiten" bzw. „Überblick bearbeiten" usw. Genauso wird Dir die Startseite dann auch in der Connect-Mobile App am Handy/Tablet angezeigt.

Weitere wichtige Kontoeinstellungen für Dein Benutzerkonto wären da z.B. die <u>Anzeigeeinstellungen</u>:

Auswahl der Sprache, Zeitzone, Maßeinheiten, 1. Tag der Woche etc.

und der <u>Datenschutz</u>:

Lege hier fest, wer Deine Aufzeichnungen sehen darf. Bei der Einstellung „Alle" werden Deine aufgezeichneten Strecken nach dem Hochladen sofort veröffentlicht. Wähle wohl besser „Nur ich" oder „Meine Verbindungen"/"Meine Freunde" aus, so kannst Du auch nachträglich eine jede Strecke einzeln veröffentlichen. Sieh Dir alle weiteren Optionen an, welche für Dich von Interesse sein könnten.

Die einzelnen Felder der Startseite zeigen jeweils eine Übersicht spezieller Daten wie z.B. die Schritte des Tages, die Aktivitäten der letzten 7 Tage, die Trainingsbelastung etc. Diese kannst Du jeweils anklicken, woraufhin Du zu den detaillierten Daten gelangst.

Über das kleine Geräte-Symbol im rechten oberen Eck des Connect-

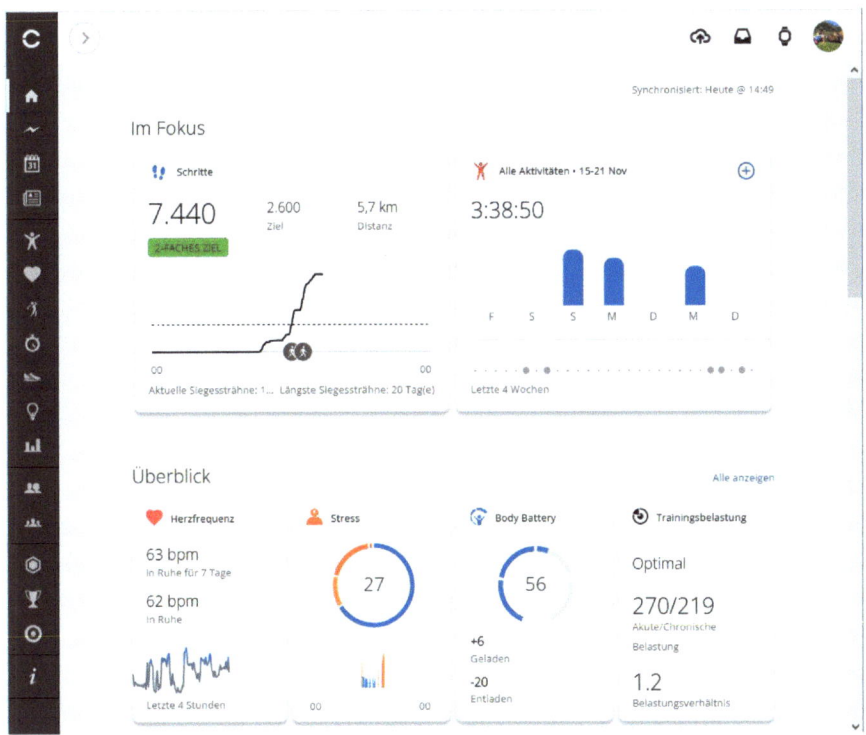

**Abbildung 4-4** Garmin Connect am PC-Bildschirm, Startseite

Fensters kannst Du auf die Geräteinformationen zugreifen. Das ist vielleicht erst dann interessant, wenn Du mehrere Garmin Geräte besitzt.

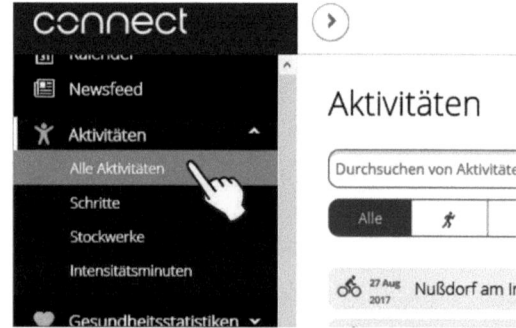

**Abbildung 4-5**
Aufzeichnungen aus dem
Protokollspeicher

Rufe nun in der Menüspalte die „**Aktivitäten**" > „Alle Aktivitäten auf.

In der erscheinenden Aktivitäten-Übersicht findest Du relativ weit rechts, oberhalb der Aktivitätssymbole den „Importieren"-Link, über den Du auch manuell Aufzeichnungen in Dein Konto laden kannst, z.B. von einem x-beliebigen Speichermedium wie Deiner PC-Festplatte.

**Abbildung 4-6** GPS-Aufzeichnung aus x-beliebigen Medien holen

Mit der Auswahl „+Manuelle Aktivität" kannst Du auch Aktionen von Hand hinzufügen, von denen Du gar keine Aufzeichnung hast, aber trotzdem in Deinem Connect-Konto erfasst sein sollen.

In der Liste darunter findest Du dann die gesammelten Aufzeichnungen. Diese können durch Anklicken der Aktivitäten-Symbole im Tabellenkopf kurzerhand nach Sportarten sortiert angezeigt werden.

Bei Aufzeichnungen die Dir wichtig sind solltest Du durch Anklicken des Stern-Symbols (wodurch sich dieser von Grau zu Gelb färbt) in der jeweiligen Zeile diese Aktivität als „Favorit" kennzeichnen. Somit kannst Du später einmal schnell alle Deine favorisierten Aktivitäten anzeigen lassen und musst nicht ewig suchen.

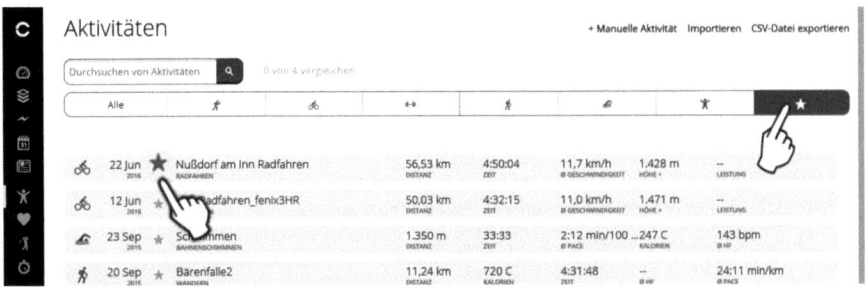

**Abbildung 4-7** Wichtige Aufzeichnungen kenntlich machen und später alle „Favoriten" herausfiltern

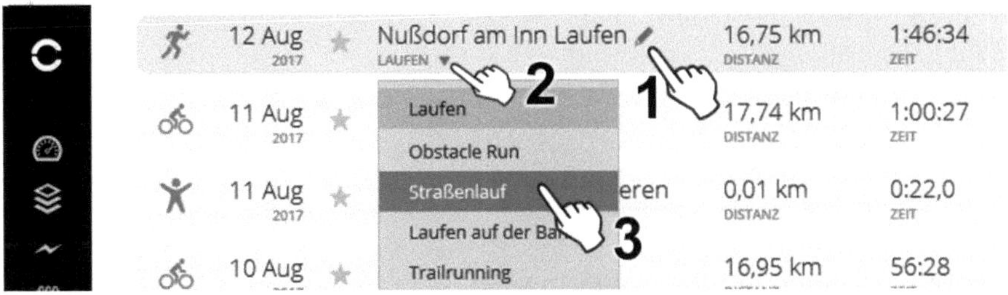

**Abbildung 4-8** Aktivitätsnamen und -typ ändern

Der Name der Aktivität wurde automatisch nach dem Startort benannt. Diesen kannst Du mit dem Stift-Symbol (1) hinter dem Namen ändern. Auch der Aktivitätstyp, der darunter angezeigt wird, lässt sich durch Anklicken des Aufklapppfeils (2) genauer klassifizieren (3).

   … auch wieder für eine nachträgliche Suche sehr hilfreich.

Der Akt.-Typ ist auch wichtig für das automatische Überwachen Deines Trainingsziels, welches man sich in der Menüspalte > „Ziele" erstellen kann.

Um bis zu 4 ähnliche Aktivitäten miteinander zu vergleichen, klickst Du die Zeilen einfach nacheinander an (im leeren grauen Bereich der Zeile) und klickst dann auf den erscheinenden Button „… von 4 vergleichen". So werden Dir alle Detaildaten nebeneinander dargestellt sowie die Grafiken in Karte und Höhenprofil übereinandergelegt.

Um eine einzelne Aktivität anzusehen, klickst Du auf den Aktivitätsnamen. So öffnet sich dessen **Detailseite** (Bild rechts), auf der Du dann alle Daten dieser Tour analysieren kannst.

Hast Du während der Aufzeichnung die „Lap"-Rundentaste gedrückt, bekommst Du diese „Runden" (2) auf der gleichnamigen Registerkarte unterhalb der farbigen Grafiken im Detail angezeigt.

Mit den Werkzeugen im oberen Fenster-Eck kann diese Aktivität nun bearbeitet ✐, als Favorit markiert ★ oder veröffentlicht 🔒 werden. Über das ⚙ Symbol eröffnen sich weitere sehr interessante Optionen, z.B. „Exportieren nach Google Earth".

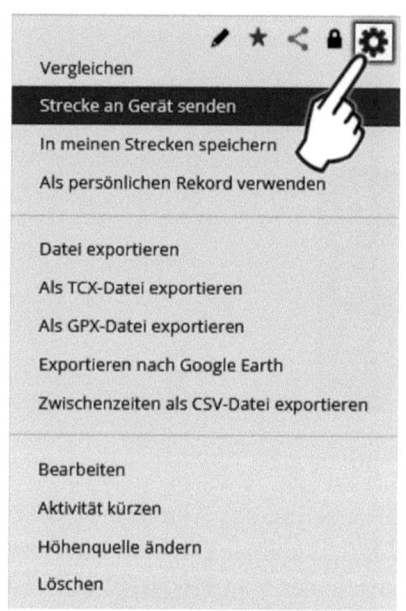

Mit „Datei exportieren" (originale Aufzeichnung) bzw. „Als GPX/TCX-Datei exportieren" holst Du Deine Aufzeichnung aus dem Connect-Konto heraus und kannst sie Dir für alle Ewigkeit an einem beliebigen Speicherort im TCX-Trainingsformat oder im GPX-Universalformat abspeichern.

**Abbildung 4-9** Werkzeugleiste

Mit „Höhenquelle ändern" könntest Du die vom Edge 1050 barometrisch erfassten Auf- und Abstiegswerte durch die Daten eines Vermessungsdienstes ersetzen lassen. Das wäre bei anderen Geräten sinnvoll, die keinen Barometer besitzen.

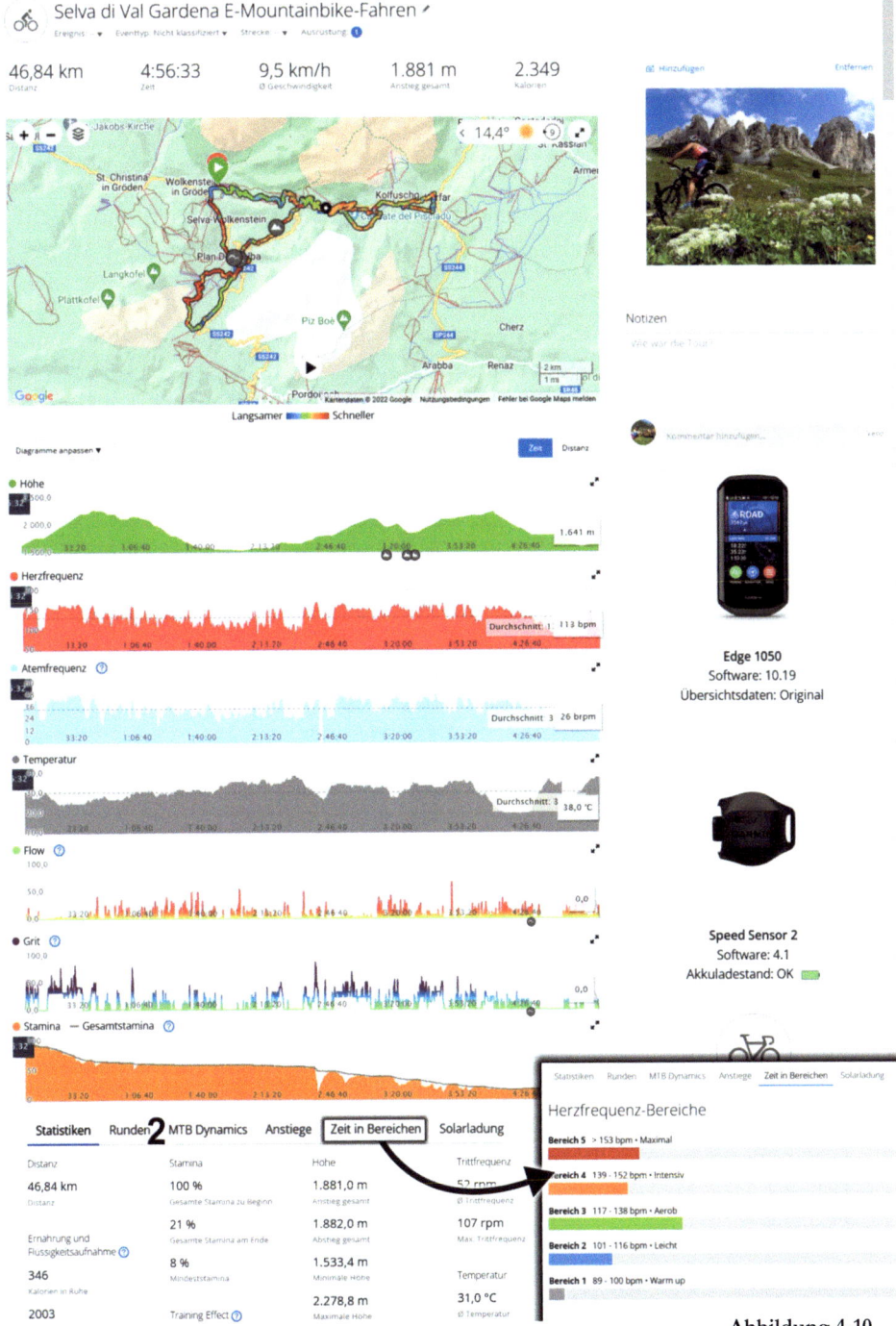

**Abbildung 4-10**

Mit der Funktion „In meinen Strecken speichern" wandelst Du Deine Aufzeichnung in eine wieder zu verwendende Strecke um, die dann erst einmal in Deiner Streckenübersicht abgelegt wird, um sie z.B. mit der Connect Mobile-App am Smartphone abzurufen und nach Bedarf zum Edge zu senden.

Sollten in der Werkzeugleiste Einträge hellgrau gefärbt und nicht anwählbar sein, so sind diese Funktionen nur im ✎ Bearbeiten-Modus anwendbar.

### Gesamtdaten - Jahresauswertung

Mit den gesammelten Daten in Deinem Connect-Konto kannst Du Dir nun ganz schnell Deine Gesamtleistung über beliebige Zeiträume auf folgende Weise anzeigen lassen:

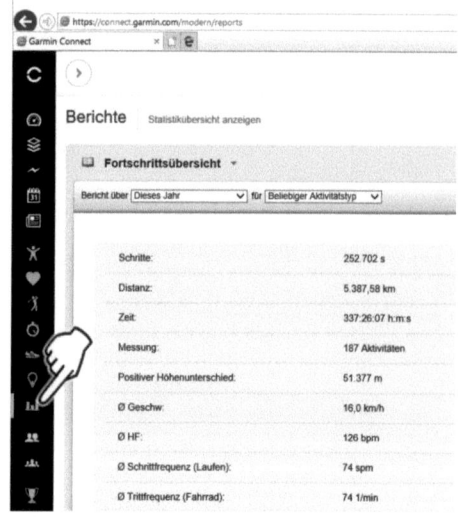

**Abbildung 4-11**
Connect: Fortschrittsübersicht

Die auszuwertenden Seiten findest Du im Menü: „Berichte". Wähle auf der erscheinenden Seite den in der Auswahlleiste ganz unten aufgeführten Eintrag „Fortschrittsübersicht".

Solltest Du diesen Menüpunkt nicht finden, probiere einen anderen Browser (wie z.B. Internet Explorer oder Google Chrom).

Wähle nun den Zeitraum (z.B. „Dieses Jahr") und den Aktivitätstyp (z.B. „Radfahren") dessen Gesamtdaten Du wissen möchtest oder belasse „Beliebiger Aktivitätstyp", wenn die Gesamtdaten aus allen Deinen Aufzeichnungen errechnet werden sollen.

## Ziele setzen und erfüllen

Das Fitness-Portal Garmin Connect eignet sich bestens, um das einmal geweckte Fitness-Interesse lange am Leben zu halten. Denn es ist nun jemand da, der ganz anonym überwacht wie es um die Erfüllung Deiner gesteckten Ziele steht.

Wenn Du nun also z.B. mit Beginn eines neuen Jahres wieder die guten Vorsätze aufstellst (die man dann ja immer auf seltsame Weise aus den Augen verliert), schnappst Du Dir diesmal Dein Connect-Fitnesskonto, trägst Dein Vorhaben hier ein und bekommst z.B. am Ende des Jahres schwarz auf weiß belegt, was Du davon erfüllt hast.

**Abbildung 4-12** Kontrolle des gesetzten Zieles

Um Dein erstes Ziel zu erstellen, öffnest Du über das Menü die „Ziele"-Seite, wählst hier eins der vorgegebenen Aktivitäten oder „Benutzerdefiniert". Das Startdatum des zu berücksichtigen-den Zeitraums lässt sich auch in die Vergangenheit legen. Tippe dazu das Datum von Hand ein, wenn es mit der Auswahl des vorgegebenen Kalendariums nicht funktionieren sollte.

Zum Erstellen weiterer Ziele findest Du dann auf dieser Seite im rechten Teil des Tabellenkopfes den Button „Neues Ziel erstellen", den Du dann verwendest.

In dem sich öffnenden Eingabeformular kannst Du Dein Trainingsziel folgendermaßen definieren:

- Einen Namen geben,
- Den Aktivitätstyp bestimmen (Wähle „Radfahren" aus, um alle Fahrrad-Aufzeichnungen mit dem gesteckten Ziel verrechnen zu lassen.)
- Welcher Zielfaktor soll herangezogen werden? Ob eine bestimmte Trainingszeit, Distanz, Kalorienverbrauch oder Einheiten-Anzahl in z.B. einem Jahr absolviert werden soll.
- Den Messzeitraum und das Startdatum festlegen.

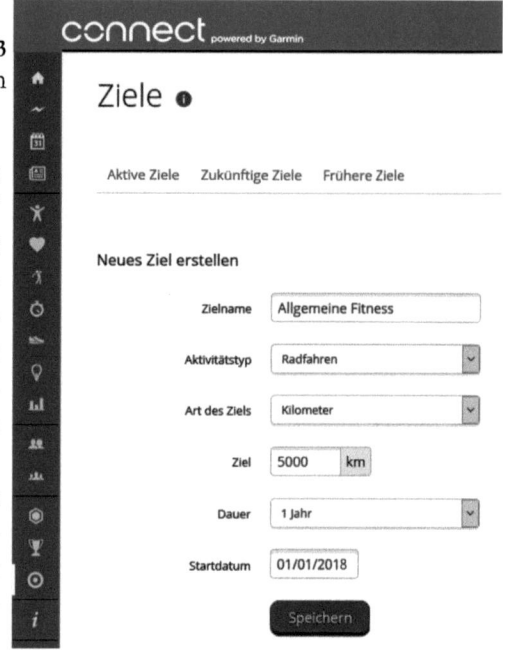

**Abbildung 4-13**
Neues Ziel definieren

Nachdem Du das Erstellen des neuen Ziels mit „Speichern" beendet hast, wird dieses sofort mit dem festgelegten Startdatum in Deinen Trainingskalender eingetragen und überwacht alle Aufzeichnungen, die hochgeladen wurden und noch werden.

Es werden allerdings nur die Aktivitäten mit Deinem Trainingsziel verrechnet, die der beim Ziel erstellen ausgewählten Aktivität entsprechen.

Warst Du also 10 km laufen, bleibt Dein noch zu absolvierendes Trainingspensum für das Radfahren natürlich bei dem Stand wie es vor dem Erfassen der Laufeinheit war. Sollen alle Aktivitäten einbezogen werden, dann wähle beim Definieren des Trainingsziels den „Beliebigen Aktivitätstyp".

Nun musst Du aber nicht einfach nur stupide Trainingsstunden schieben, sondern kannst Dein Training auf verschiedene Art und Weise strukturiert gestalten. Zum einen gibt es da die fertigen

**Trainingspläne**, die Dir Garmin mit an die Hand gibt. Rufe in der linken Menüspalte „Training und Planung" > „Garmin-Coach-Pläne" auf. Wähle Dein sportliches Interesse und wähle dann den gewünschten Trainingsplan. Folge den weiteren Schritten, um den Trainingsplan bestmöglich an Deine Bedürfnisse anzupassen.

Der Trainingsplan wird somit in Deinem Kalender (Connect Menü > „Kalender") eingetragen.

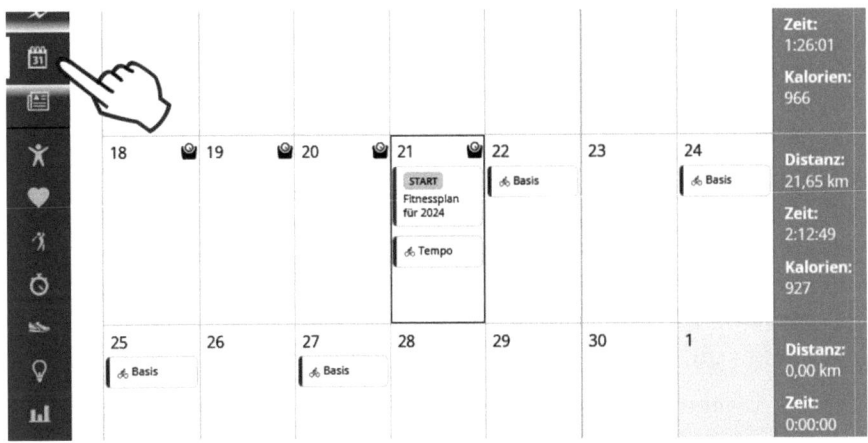

**Abbildung 4-14, oben:** Trainingseinheiten im Kalender

Die im Kalender eingeplanten Trainings werden automatisch mit dem nächsten Synchronisieren zum Edge übertragen. Auf der Startseite ist dann sofort zu sehen, was heute zu tun ist. Durch ein Wischen nach links oder rechts kannst Du zwischen dem täglichen Trainingsvorschlag und der sonst an dieser Stelle sichtbaren „Letzte Radtour"-Übersicht hin- und herblättern.

**Abbildung 4-15** Edge 1050, Startseite

Aber man kann natürlich auch ganz individuell trainieren und sich dafür seinen eigenen Trainingsplan aus eigenen

## Trainings erstellen

Wie man es von Fitnessgeräten wie Ellipsentrainer, Ergometer oder Laufband kennt gestaltet sich das Training durch das Aufrufen eines dieser vorprogrammierten Trainingsprogramme wesentlich kurzweiliger. Mit dem Edge 1050 ist das genauso möglich bzw. noch eine Stufe besser.

Solche Trainingsprogramme (Workouts) kannst Du in Deinem Connect-Benutzerkonto anhand einer Menge von vorprogrammierten und einstellbaren Intervallschritten erstellen, im Kalender einplanen und an den Edge senden.

Am PC wählst Du dazu nun in der linken Menüspalte: „Training und Planung" > „Trainings". Im erscheinenden Fenster legst Du die Trainingsart fest und klickst dann auf „Training erstellen". Auf der sich daraufhin öffnenden Seite kannst Du durch Anklicken des ✏ Symbols den Namen dieses Trainings ändern.

Darunter sind bereits 3 Felder angelegt (3 Trainingsabschnitte: Warm up, Radfahren und CoolDown). Passe alle Abschnitte an Deine Bedürfnisse an, indem Du auf „Trainingsabschnitt bearbeiten" klickst.

1. Den Abschnittstyp festlegen, z.B. „Warm up".

2. Die Dauer nach Zeit, Entfernung, Kalorien etc. festlegen oder dies noch ziemlich offen lassen und erst unterwegs durch Drücken der Runden („Lap")-Taste auslösen und

3. Die Intensität dieses Abschnittes definieren, ob in einem bestimmten Herzfrequenz-, Leistungs-, Geschwindigkeits-Bereich etc. trainiert werden und der Edge dies kontrollieren soll. Ganz wichtig ist hierbei, dass dann auch die zu verwendenden Trainingsbereiche in den Einstellungen des Edge korrekt eingestellt sind (≡ > Eigene Statistiken > Trainingszonen).
Wähle am Ende „Fertig".

Mit dem Button „Abschnitt hinzufügen" kannst Du weitere Trainingsabschnitte ergänzen. Sollen sich diese im gleichen Rhythmus wieder-

**Abbildung 4-16** Trainingsabschnitte hinzufügen

holen, wie bei einem Intervall-Training typisch, so klickst Du besser auf „Wiederholungen hinzufügen" und musst nur 2 Abschnitte bearbeiten, die sich dann so oft wiederholen, wie Du das im Zeilenkopf des Wiederholungsabschnittes festlegst. An der gepunkteten Markierung am Zeilenanfang kannst Du jedes Abschnittsfeld anfassen und an die richtige Reihenfolgeposition dieses Trainings ziehen. Am Ende speicherst Du die Trainingseinheit mit „Training speichern" ab.

Mit dem dann verfügbaren „ ⤵An Gerät senden"-Button kannst Du diese Einheiten über WLAN, Bluetooth oder per USB-Kabel direkt in den Edge senden und dort auf der Startseite den Button „Training" > „Trainings" zum Absolvieren aufrufen. Stoße die Synchronisierung per WLAN oder Bluetooth am Edge manuell an, falls Du diese Trainingseinheit nicht gleich finden kannst ( ≡ > Konnektivität > …).

Hingegen mit dem „In Kalender eintragen"-Button kannst Du nun die erstellten Trainings zeitlich einplanen und dann als gesamten Trainingsplan an den Edge übertragen. Das lässt sich aber fast übersichtlicher auf der „Kalender"-Seite bewerkstelligen (mit linker Maustaste in den Tag klicken > „Training").

Kalendarisch eingeplante Trainings werden Dir auf der Startseite des Edge und in der Kategorie „Training" im Kalender angezeigt.

**Abbildung 4-17** Diese Woche ist an 5 Tagen ein Training eingeplant

4–195

## Start eines Trainings

Tippe auf der Startseite auf das vorgeschlagene heutige Training oder tippe auf der Starseite auf den Button „Training". In der sich öffnenden Wochenübersicht kannst Du mit horizontalem Wischen die Trainingstage durchblättern. So könntest Du auch auf einen anderen Tag tippen, um diese Trainingseinheit heute zu starten.

Die sich öffnende Seite zeigt Dir alle Details zu dieser Trainingseinheit. Über den Button „Strecke hinzu" kannst Du eine Deiner Trainingsrunden wählen, auf der Dich der Edge mit dieser Trainingseinheit navigieren soll. Des Weiteren kannst Du kurz einen Blick auf das Wetter werfen oder über den Button „Checkliste" kontrollieren, ob Du alles dabei hast. Weiter unten werden Dir die Trainingsabschnitte beschrieben. Bist Du dann startklar, so tippe auf den „Los!"-Button und starte Deine Bewegung mit der ▮▶ Start/Stopp-Taste.

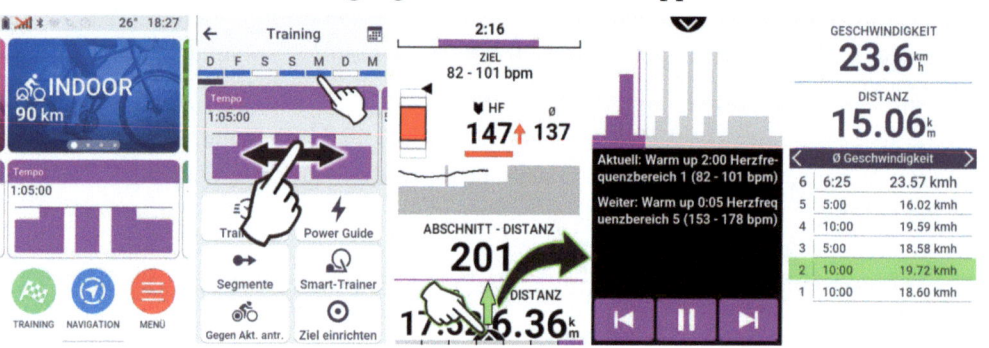

**Abbildung 4-18** Ein Training aus dem Kalender starten.

Zu den normalen Trainingsseiten gesellt sich nun eine zusätzliche Informationsseite, welche die genauen Informationen zu dem zu absolvierenden Trainingsschritt anzeigt (3. Bild v.li.). Dieser kannst Du entnehmen, wie lange und in welchem Bereich der aktuelle Trainingsabschnitt gefahren werden soll. Über- oder unterschreitest Du die Herzfrequenz- oder Leistungsvorgaben färbt sich der der aufrecht stehende, breite Balken rot. Aus dem Aufziehmenü, von unten nach oben, kannst Du entnehmen welcher Schritt als nächstes folgt, das

Training kurz pausieren oder zum nächsten Abschnitt springen (4.Bild v.li.).

Der Edge kündigt den Wechsel zum nächsten Trainingsschritt mit Hinweistönen bzw. Sprachansage 5 Sekunden vorher an und unterteilt die Trainingsaufzeichnung automatisch (setzt Runden) nach jedem Intervallabschnitt. Über- oder unterschreitest Du die vorgegebenen Bedingungen (z.B. Pulsbereich) wird das auf jeder Datenseite deutlich eingeblendet. Um den Überblick der bereits absolvierten Intervalle zu behalten, macht sich das Hinzuschalten der Trainingsseite „Rundenübersicht" sicherlich gut (5.Bild v.li.).

## Trainingsgruppen

Über die Menüspalte Deines Connect-Kontos > „Gruppen" > „+Gruppe erstellen" kannst Du eine Trainingsgruppe anlegen und zum Trainingsleiter werden. So kannst Du über dieses Portal an die Mitglieder Deiner Gruppe Trainingsanweisungen, -Strecken, -Pläne, -Termin etc. senden.

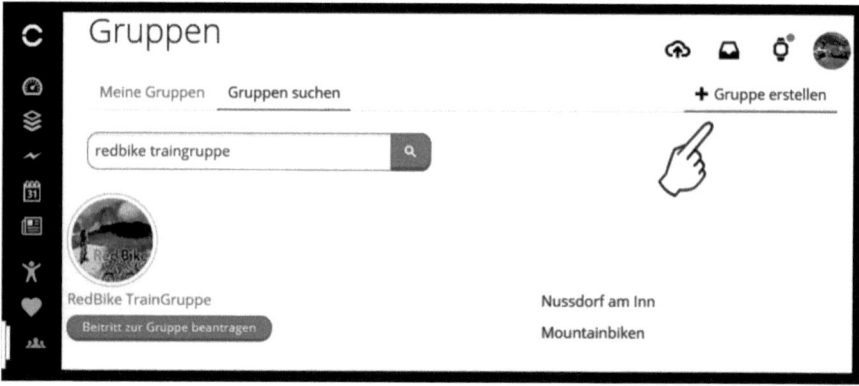

**Abbildung 4-19** Nach Trainingsgruppen suchen, eigene Gruppe erstellen

Deine Mitglieder können dann auch diese Strecken und Segmente an ihren Edge übertragen und sofort loslegen. Nach ausgeführtem Training kannst Du auf die Daten Deiner Gruppenmitglieder zugreifen und dessen Aufzeichnungen analysieren.

Zum Aufspüren einer bereits vorhandenen Trainingsgruppe wählst Du auf der „Gruppen"-Seite „Gruppen suchen". Tippe in das Eingabefeld einen Gruppennamen ein, den Du kennst oder vermutest, wie z.B. „RedBike TrainGruppe". Löse die Suche durch Aktivierung des Lupe-Buttons aus. Darunter wird Dir die gefundene Gruppe angezeigt.

Über den Button „Beitritt zur Gruppe beantragen", unter dem Gruppenbild, kannst Du Dich als Mitglied anmelden. Sinn macht es dann natürlich, dass Du Deine Datenschutzeinstellungen von „Nur ich" auf „Meine Verbindungen und Gruppen" änderst. Diese Abfrage erscheint automatisch, wenn Du Dich bei einer Gruppe anmeldest.

Du erhältst dann eine Einladungs-E-Mail, wenn der Gruppenleiter zustimmt usw.

Es gibt also unendliche Möglichkeiten sich das Training mit dem Edge und Garmin Connect – dem Portal für Freizeit- und Aktivsportler – so interessant zu gestalten, dass der eigene Schweinehund gar keine Chance mehr hat, Dich vom Training abzuhalten.

...damit Du Deine Touren entspannt genießen kannst.

Na dann: Gute Fahrt!
Eure Janet

# Index

# G

# H

# I

# J

# K

# Anhang    Beispiele Datenfeldseiten Edge 1050

| TIMER | | RUNDENZEIT | |
|---|---|---|---|
| **2:16:52** | | **22:10** | |
| UHRZEIT | VERSTRICHEN | ♥HF | ☋TF |
| **12:20** | **²16:52** | **160** | **70** |
| MX. GESCH. | Ø GESCHW. | GESCHW. | VAM |
| **46.1**km/h | **11.1**km/h | **10.0**km/h | **650**m/h |
| DISTANZ | ↑ANSTIEG | ◢NEIGUNG | ▲ HÖHE |
| **25.33**km | **1117**m | **14%** | **2025**m |
| DIST. ZIEL | ETA | B1 (bar) | TEMPERATUR |
| **21.18**km | **13:28** | **1.1 ∣ 1.3** AIRSPY | **28.7**°C |

**Bild oben:** 1. Seite mit den Gesamtdaten und eine 2. Seite mit den momentanen Bewegungsdaten, u.a. „SKS Airspy" IQ Datenfeld-App

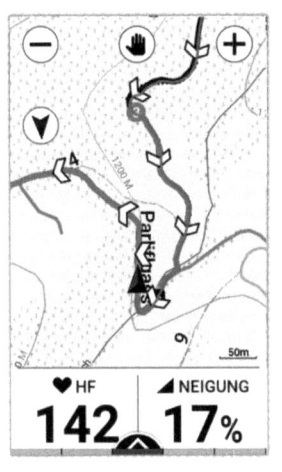

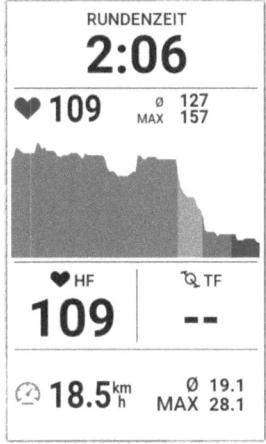

**Links:** Kartenseite mit 2 Datenfeldern; **Mitte:** u.a. Datenfeld „Grafisch" > „Herzfrequenzkurve", darunter linke Spalte: Datenfeld „Navigation" > „Anstieg zum nächsten Streckenpunkt", „Zeit…" und "Distanz bis nächster Wegpunkt"; **Rechts:** 2. Datenfeld: „Grafisch" > „Herzfrequenzkurve", Feld unten: „Grafisch": „Geschwindigkeitsgrafik"